现代学徒制实施与评估研究

丘巴比 陈欢欢 著

中国商业出版社

图书在版编目(CIP)数据

现代学徒制实施与评估研究 / 丘巴比，陈欢欢著.
北京：中国商业出版社，2025. 2. -- ISBN 978-7-5208-3323-3

Ⅰ. G719.2

中国国家版本馆CIP数据核字第20257D6N17号

责任编辑：朱丽丽

中国商业出版社出版发行

（www.zgsycb.com　100053　北京广安门内报国寺 1 号）

总编室:010－63180647　编辑室:010－63033100

发行部:010－83120835/8286

新华书店经销

北京虎彩文化传播有限公司印刷

*

787 毫米×1092 毫米　16 开　8.25 印张　145 千字

2025 年 2 月第 1 版　2025 年 2 月第 1 次印刷

定价:45.00 元

*　*　*　*

前 言

随着全球经济的快速发展和产业结构的不断升级，职业教育与培训体系在促进经济社会发展和提高劳动者素质方面发挥着日益重要的作用。在这一背景下，现代学徒制作为一种将传统学徒培训与现代教育体系相结合的创新教育模式，正逐渐成为提升职业教育质量、增强产业竞争力的有效途径。

现代学徒制通过学校与企业深度合作，将理论知识学习与实践技能培养紧密结合，旨在培养出既具备扎实专业知识又拥有高超操作技能的高素质技能型人才。这种教育模式不仅有助于缓解当前技能型人才短缺的问题，还能促进教育与产业的深度融合，推动产业升级和经济发展方式的转变。因此，对现代学徒制实施效果的评估是确保其持续发展和质量提升的重要环节。通过评估，可以及时发现并解决实施过程中存在的问题，总结经验教训，为进一步优化和完善现代学徒制提供科学依据。

本书从现代学徒制的基本概念出发，对现代学徒制的实施模式、现代学徒制的实施策略进行了论述，研究了现代学徒制下的学生能力培养与职业发展，并对现代学徒制的评估展开探索。希望本书能够在现代学徒制实施与评估方面为读者提供帮助。

本书在撰写过程中参阅了大量同领域的专著及文献，在此向这些作品的作者表示衷心感谢。由于时间仓促，书中难免存在疏漏，不足之处恳请读者批评指正。

著 者

2024 年 11 月

前言

目　录

第一章　现代学徒制的基本概念

第一节　现代学徒制的定义

传统学徒制，又称手工学徒制，是一种在近代学校教育出现之前的古老职业训练方法。它主要是在师傅或专家的指导下，通过师徒共同劳动，使学徒在真实的工作场所中观察、模仿师傅的技艺，并在师傅的指导下进行实际操作，逐渐学会师傅的技能。这种方式侧重于技能的传授，学徒在师傅的监控和帮助下，逐渐掌握所学手艺或工艺的背景知识和实际工作经验。

与传统学徒制相比，现代学徒制结合了学校教育和企业实践，学生在学校学习基础知识和技能，同时在企业的实践中应用和提升这些技能。现代学徒制不仅注重技能的传授，还关注学生的综合素质培养，包括知识、态度和价值观的全面发展。此外，现代学徒制通过学校和企业深度合作，提高了教学质量和培养效果，使学生更好地适应市场需求。

一、现代学徒制的内涵

现代学徒制是一种将职业教育与企业实践相结合的教育模式，其核心在于在真实的工作环境中进行学习。通过这种模式，学徒不仅能够在课堂上获得理论知识，还能在工作场所进行实践，直接应用所学知识。现代学徒制的内涵不仅仅限于知识的传授，更在于技能的培养和职业素养的提升。通过在企业中的实际工作，学徒能够更好地理解行业需求，从而提高就业竞争力。这种教育模式为学徒提供了一个全面发展的平台，使他们能够在不断变化的劳动力市场中保持竞争力。

现代学徒制强调技能培养与实际工作的对接，旨在增强学徒的职业素养和就业竞争力。在这一模式下，学徒能够在企业环境中直接参与工作任务，获得实践经验。这种直接的工作经验不仅有助于学徒掌握具体的技能，还能培养他们的职业道德和工作态度。通过与企业紧密合作，教育机构能够更好地了解行业的发展趋势和技能需求，从而调整课程内容和教学方法，以更好地服务于学徒的职业发展。

现代学徒制具有灵活性，能够根据行业需求和学徒个体特点定制培训方案。这种灵活性使学徒制能够适应不同的行业和岗位需求，提供有针对性的技能培训。根据学徒的兴趣、能力和职业目标，企业和教育机构可以共同设计个性化的学习路径。这不仅提高了学徒的学习积极性，也使得培训内容更贴近实际工作需求，从而提高了学徒的就业适应性和职业发展潜力。

二、现代学徒制的特点

（一）实践导向

现代学徒制作为教育与培训的一种模式，核心特点之一即为实践导向。现代学徒制强调在真实工作环境中学习，这种方法不仅是对传统课堂教学的补充，而且是职业教育的一种深化。通过实际操作，学徒能够在真实的工作场景中锻炼和提升职业技能。这种实践导向的学习模式使得学徒在日常工作中积累经验，逐步掌握行业所需的技术和能力，从而在职业生涯初期就具备较强的竞争力。

在现代学徒制中，学徒被安排参与企业的具体项目，这种参与不仅仅是简单的技能训练，更是综合能力的培养。通过在项目中的实际操作，学徒可以增强实践能力，同时也能体会到团队协作的重要性。参与企业项目为学徒提供了一个学习和成长的平台，他们在这个过程中不仅提升了技术水平，还培养了与同事、客户的沟通能力及团队合作精神，这些都是现代职场中不可或缺的素养。

实践导向的学习方式可以帮助学徒更好地将理论知识与实际工作相结合。传统的理论学习往往与实践脱节，而现代学徒制通过将学徒置于真实的工作环境中，促使他们在实践中运用理论知识。这种结合不仅提高了学徒解决实际问题的能力，也帮助他们在面对复杂工作任务时，能够灵活运用所学的知识和技能，从而提高工作效率和质量。

实践导向的学习方式还促进了学徒职业素养的发展，使其更适应快速变化的行业需求。在当前快速变化的经济环境中，企业需要员工具备快速适应和持续学习的能力。通过现代学徒制，学徒不仅掌握了必要的职业技能，还培养了适应变化的能力。实践导向的教育模式使学徒在不断变化的行业中保持竞争力，能够迅速适应新技术和新方法的应用，从而在职业生涯中获得更好的发展机会。

（二）双重身份

在现代学徒制中，学徒同时扮演学生和员工双重角色，这一特点赋予了学徒独特的学习和成长路径。学徒需要在学校环境中系统地学习理论知识，这些知识构成了他们理解和分析实际工作情境的基础。同时，他们在企业中担任员工角色，直接参与到工作流程中，将理论知识应用于实践。这种理论与实践的结合不仅有助于学徒加深对所学知识的理解，还能提高他们解决实际问题的能力，从而使他们在职业生涯中具备更强的适应能力和竞争力。

另外，双重身份为学徒提供了在真实工作环境中获得经验的机会。这种经验是传统课堂教育无法提供的，学徒通过在企业的实际操作，不仅熟悉了行业标准和工作流程，还能感受到职场文化和团队合作的重要性。这种真实的工作体验增强了学徒的职业适应能力，使他们在毕业后能够更快地融入职场，成为企业所需的合格人才。

作为学生，学徒在学校接受系统的理论教育，这种教育通常由专业教师根据行业需求和学科发展趋势精心设计，旨在为学徒提供坚实的理论基础。而作为员工，学徒在企业接受实践指导，企业导师根据实际工作需要和学徒的个人发展情况为学徒提供个性化的指导和支持。理论与实践的良性互动，使学徒不仅能够掌握理论知识，还能在实践中熟练应用，从而形成全面的职业能力。

（三）适应性强

现代学徒制以其灵活多变的特性在当今快速变化的经济环境中脱颖而出。它能够快速适应行业变化，为学徒提供与市场最新需求相符的技能培训，确保其职业能力持续提升。这种培训模式不仅关注当前的职业技能需求，还可预见未来可能的行业发展趋势，使学徒能够在职业生涯中始终保持竞争力。通过与行业紧密结合，现代学徒制在技能传授中融入了最新的技术和方法，确保学徒在完成培训后能够立即投入工作，发挥作用。

通过灵活的课程设计与培训内容，现代学徒制能够适应不同企业的具体需求。每个企业都有其独特的运营模式和文化，现代学徒制通过定制化的培训方案，帮助学徒在多样化的工作环境中成长。无论是在大型跨国企业还是在本地中小企业，学徒都能通过这种灵活的培训模式获得所需的技能和经验。这种灵活性不仅提高了学徒的就业能力，也为企业提供了更具针对性的人才培养方案，从而实现双赢。

现代学徒制还允许学徒根据个人兴趣和职业规划选择学习项目，增强其学习的自主性与针对性，从而提升学习效果。学徒可以在多种学习路径中进行选择，结合自身的兴趣和职业目标，制订个性化的学习计划。这种自主选择方式不仅激发了学徒的学习动力，也提高了他们对所学内容的理解和应用能力。通过这种方式，学徒能够在职业发展中更好地定位自己，找到适合自己的职业方向。

三、现代学徒制的适用领域

（一）制造业

制造业是国民经济的重要支柱产业之一，现代学徒制在其中发挥了关键作用。制造业中的现代学徒制能够有效提升学徒的实际操作技能。通过参与真实的生产流程，学徒不仅能够在实践中掌握必要的技术和工艺，还能通过直接动手操作，巩固课堂上学到的理论知识。这种实际操作与理论学习相结合的模式，确保了学徒能够快速适应岗位要求，并为其职业发展奠定坚实的基础。现代学徒制在制造业的应用，不仅提高了学徒的技术水平，也为企业带来了新鲜的技术力量和创新思维。

现代学徒制在制造业中还促进了企业与职业院校的深度合作，企业不仅为学徒提供实习机会，还积极参与课程设计，以确保学徒所学内容能够紧密贴合行业标准。这种合作模式不仅有助于企业获得符合其需求的技能型人才，也推动了职业院校课程的更新与发展，使教育与产业之间的联系更加紧密。通过这种双赢的合作关系，学徒制在企业和院校之间搭建了一座桥梁，促进了双方的资源共享与共同进步。

制造业快速的技术更新对现代学徒制提出了更高的要求，特别是其适应性。为了满足新技术和新工艺的需求，现代学徒制的培训内容必须具有高度的灵活性和前瞻性。这意味着培训计划需要不断调整，以确保学徒能够掌握最新的行业动态和技术趋势。通过这种动态调整的培训机制，学徒制不仅能够培养出具备当前技术能力的人才，还能为未来产业的发展储备后备力量，确保制造业在技术革新中始终保持竞争力。

在制造业中，现代学徒制还特别强调团队合作与沟通能力的培养。在实际项目中，学徒需要与同事密切协作，完成各项任务，这不仅锻炼了他们的技术能力，也增强了其在职场中的社交与协调能力。通过参与团队项目，学徒能够更好地理解团队合作的重要性，学会如何在团队中发挥自己的作用，并在沟通中提高解决问题的能力。这种综合能力的提升使学徒在进入职场后，能够更快地融入企业文化，适应团队环境，为其职业生涯的发展提供了有力支持。

（二）服务业

现代学徒制在服务业中的应用尤为显著，其核心在于强调实践技能的培养。学徒通过直接参与客户服务、销售及运营等实际工作，不仅能够提升专业技能，还能培养出色的服务意识。这种实践导向的学习方式使学徒能够在真实的职业环境中磨炼自身能力，积累丰富的实践经验。通过这种学习方式，学徒不仅能掌握具体的操作技能，还能运用所学知识有效地解决面对的实际问题，进而提升其在服务行业中的竞争力。

在服务业中，现代学徒制在理论与实践的结合上起到了重要的桥梁作用。学徒在课堂中学习相关理论知识，同时有机会在企业中进行实际应用，这种双重学习模式显著提高了学徒的综合素质。理论学习与实践操作的相辅相成，不仅加深了学徒对服务业各个环节的理解，还提高了其在工作中迅速适应和灵活应对的能力。这种系统化的培训有效地促进了学徒在服务业中的职业发展。

在服务业中，现代学徒制特别注重培养学徒的沟通与人际交往能力。通过与客户和同事的日常互动，学徒能够不断增强其职业素养和团队协作能力。这种互动不仅有助于提升学徒的沟通技巧，还能帮助他们在多元化的工作环境中学会尊重和理解不同的文化背景和观点。这种能力的提升对于在服务行业中取得成功至关重要，因为该行业本质上是以人际交流为核心的。

（三）医疗卫生领域

现代学徒制在医疗卫生领域的应用尤其强调临床实践的重要性。学徒通过在医院或医疗机构实习，不仅能获得了直接的患者照护经验，还能在真实的临床环境中磨炼关键的临床技能。这为学徒提供了无可替代的学习机会，使其能够在处理复杂的医疗情境时，具备更高的应对能力和自信心。临床实践作为现代学徒制的核心，确保了学徒在理论知识与实际操作之间建立紧密的联系，从而提升整体的专业素养。

现代学徒制在医疗卫生领域强调临床实践的重要性，学徒通过在医院或医疗机构实习获得直接的患者照护经验和临床技能。在现代学徒制框架下，医护人员与学徒之间的互动大大加强。学徒在实践中有机会向经验丰富的医护人员学习，这种直接的知识传递不仅丰富了学徒的专业知识，还增强了其临床判断能力。通过观察和模仿资深医护人员的工作方式，学徒能够迅速掌握复杂的医疗流程和技术。这种互动并不仅限于技术层面，还包括职业道德和患者沟通技巧的传授，使学徒的职业素养得到全面提升。

现代学徒制在医疗卫生领域注重多学科协作，学徒需在不同专业的医疗团队中工作，增强其跨专业沟通和协作能力。通过现代学徒制，医疗机构可以根据实际需求灵活调整培训内容。这种灵活性确保学徒能够掌握最新的医疗技术和护理标准，保持与行业发展同步。医疗卫生领域的快速发展要求从业人员不断更新知识和技能，而现代学徒制提供了一个动态的学习平台，使学徒能够及时适应新的行业标准和技术革新。这种动态的培训模式不仅提高了学徒的就业竞争力，也为医疗机构培养出更具适应性和创新能力的专业人才。

第二节　现代学徒制的理论基础

一、经济学理论

（一）劳动力市场分析

劳动力市场分析在现代学徒制的实施过程中扮演着至关重要的角色。企业对特定技能的需求直接推动了学徒制的普及与发展。在经济学理论视角下，劳动力市场的供需关系决定了学徒制的结构和方向。当市场对特定技能的需求增加时，现代学徒制可以作为一种有效的解决方案，通过培养专业人才来满足这一需求。这种供需关系不仅影响学徒制的课程设计，还影响其实施策略。企业作为劳动力市场的重要组成部分，对技能的需求变化是学徒制发展的重要驱动力。

现代学徒制的一个显著优势在于其能够有效缓解技能短缺的问题。现代学徒制可以培养出符合市场需求的人才，提高劳动力市场的整体素质。这种模式不仅有助于填补市场人才空缺，还能通过不断更新和优化培训内容来适应市场的变化。现代学徒制通过将实际操作经验和理论知识相结合，为学徒提供全面的技能培训，从而有效地提升其就业能力和市场竞争力。

在劳动力市场中，现代学徒制的实施对就业率的提升具有积极影响。学徒在完成培训后，通常能够更快地融入职场，降低失业风险。这是因为学徒在培训期间积累了丰富的实践经验和专业技能，在进入劳动力市场时具备明显的优势。经济学理论认为，拥有实用技能和经验的劳动力更易获得就业机会，这是现代学徒制备受推崇的原因之一。

现代学徒制通过与企业深度合作，能够及时反映行业需求的变化。这种合作模式确保学徒所学技能与市场趋势保持一致，避免了技能过时的问题。企业在培训中扮演着重要角色，通过提供实际的工作环境和任务，使学徒能够在真实的工作场景中学习和成长。这种紧密的合作关系不仅提高了学徒的技能水平，也增强了企业的竞争力。

（二）人力资本投资

人力资本投资理论强调教育和培训是提升个体技能和知识的重要途径，现代学徒制作为一种有效的教育模式，能够直接促进学徒的技能提升和职业发展。这一理论认为，通过系统的学习和实践，个体的生产力和经济价值会得到显著提高。现代学徒制在这一过程中扮演着关键角色，通过将理论知识与实际操作相结合，使学徒在真实的工作环境中积累经验，从而在职业生涯中获得持续的竞争优势。现代学徒制不仅仅关注学徒当前的技能提升，更注重其长远的职业发展潜力。

通过现代学徒制，企业能够将人力资本投资与实际工作需求相结合，确保培训内容与行业标准相符，从而提高投资回报率。企业在实施现代学徒制时，可以根据自身的生产需求和市场变化，灵活调整培训内容和方式，以确保学徒掌握的技能能够直接应用于实际工作。这种培训模式不仅提高了学徒的工作效率，也提升了企业的整体竞争力。此外，现代学徒制还促进了企业与行业间的知识交流，使得企业及时掌握行业发展的最新动态。

现代学徒制在培养学徒的过程中，注重提升其综合素质和职业素养，使其在职场中具备更强的适应能力和竞争力，体现了人力资本的长期增值。通过系统的职业教育和技能培训，学徒不仅掌握了专业的技能，还培养了团队合作、沟通协调等软技能。这些综合素质的提升使学徒在面对复杂多变的职场环境时，能够迅速适应并有效应对。此外，现代学徒制还强调职业道德和责任感的培养，使学徒在职业发展过程中能够坚持正确的职业操守和价值观。

人力资本投资并不仅限于学徒个人的技能提升，还包括企业对员工培训的投入。现代学徒制通过促进企业与教育机构的合作，形成良好的培训生态系统。企业与教育机构深度合作，使学徒在学习过程中能够获得全面和系统的指导。教育机构提供理论支持和基础知识，而企业则提供实践机会和真实环境的锻炼机会。这种合作模式不仅提高了培训的质量和效率，也为企业和教育机构的共同发展创造了良好的条件。

（三）供需平衡理论

供需平衡理论是现代学徒制的重要理论基础之一，其核心在于强调教育培训必须与劳动力市场的需求相匹配。通过这种匹配，学徒所学习的技能才能真正满足企业的实际需要，从而有效提升学徒的就业能力。现代学徒制在这一理论指导下，通过与企业紧密合作，能够灵活调整培训内容，以适应不断变化的市场需求。这种灵活性不仅提高了学徒的就业能力，也为企业提供了符合其特定需求的人才，形成了教育与产业的良性互动。

供需平衡理论进一步指出，缓解技能短缺问题的关键在于建立有效的培训机制，而现代学徒制正是通过培养符合市场需求的人才来实现这一目标的。在现代学徒制的实施过程中，动态的反馈机制显得尤为重要。通过这一机制，教育机构能够及时获取市场需求信息，确保教育内容与行业标准保持一致。这种机制的建立不仅有助于提升学徒的技能水平，也能增强他们在职场中的竞争力。

现代学徒制在实践中还需重视企业与教育机构之间的合作关系。供需平衡理论强调，这种合作关系是制定有效培训方案的基础。通过企业与教育机构的共同努力，学徒的职业素养和适应能力能够得到显著提升。这种合作不仅体现在培训内容的设计上，也包括对培训效果的评估和调整。通过不断优化培训方案，现代学徒制能够更好地服务于经济发展和社会需求，为各方带来实质性的利益。

二、终身学习理念

（一）终身学习的内涵

终身学习的内涵是个体在整个生命过程中，通过持续的学习和适应，不断提升自身的知识、技能和能力，以应对快速变化的社会和职业环境。这一理念强调学习的自主性和个体责任，鼓励人们主动寻求学习机会，制订个人学习计划，以满足职业发展和个人兴趣的需求。终身学习并不仅限于正式教育，还包括非正式学习和自学，个体可以通过多种形式的学习活动，如在线课程、工作坊和社区学习等，促进技能持续更新和知识不断扩展。

终身学习理念强调知识的动态性，这意味着个体需要不断更新和扩展其知识体系，以适应技术进步和行业变革带来的新挑战。在现代学徒制的背景下，终身学习被视为提升个体职场竞争力的重要手段，使其在面对职业转型和市场变化时，能够保持灵活性和适应能力。通过终身学习，个体不仅能够在现有职业中获得更高的成就，还能为未来的职业发展奠定坚实的基础。

终身学习与职业发展密切相关，它不仅是个人职业生涯发展的重要推动力，也是组织和社会实现可持续发展的关键因素。个体通过终身学习，能够在职业生涯的不同阶段获得新的技能和知识，从而在职场中保持竞争优势。同时，终身学习还可以帮助个体在职业生涯的不同阶段实现个人兴趣的多样化发展，提升生活质量和幸福感。因此，终身学习不仅是个体发展的需要，也是社会进步的重要推动力。

在现代学徒制中，终身学习被视为一种重要的教育理念，它不仅影响个体的职业生涯，还对教育系统的改革和社会的整体发展产生深远影响。通过倡导终身学习，教育机构可以更好地满足个体和社会的需求，培养出具有创新能力和适应能力的人才。终身学习理念在现代学徒制中得到了充分体现，它不仅是个体发展的动力，也是推动教育和社会变革的重要力量。

（二）终身学习与职业发展

终身学习与职业发展密切相关，其在个体职业生涯中为个体提供了持续的技能提升机会。在当今快速变化的工作环境中，行业需求不断更新，终身学习成为适应这些变化的关键。通过持续学习，个体能够掌握最新的专业技能和知识，从而在竞争激烈的职场中保持优势。同时，终身学习理念也强调了技能的多样性和深度，使个体能够在工作岗位上表现出色，并为未来的职业发展奠定坚实的基础。

终身学习不仅提升了职业技能，还显著促进了个人职业生涯的灵活性。个体可以根据自身的兴趣和市场趋势，在职业生涯的不同阶段调整职业路径。这种灵活性使得职业发展不再是一成不变的，而是充满了可能性和选择。通过终身学习，个体能够在不同领域之间游刃有余地转换，适应新的职业角色和挑战，从而实现更为丰富和多样化的职业生涯。

终身学习能够增强个体的自我管理能力，这对于职业成长至关重要。通过不断的学习和反思，个体能够主动识别自身的学习需求，并采取有效措施加以满足。这种自我驱动的学习方式不仅提高了个体的专业能力，还培养了其独立思考和解决问题的能力。终身学习理念促使个体不断探索新的领域和方法，以实现个人和职业的全面发展。

终身学习理念鼓励个体通过多种方式进行学习，如在线课程和实践经历，不断更新和扩展专业知识和技能。这种多样化的学习方式不仅打破了传统教育的限制，还为个体提供了更加灵活和个性化的学习路径。通过参与不同形式的学习活动，个体能够获得更广阔的视野和更深刻的理解，从而在职业发展中获得更多的机会和更强的竞争力。

（三）终身学习在学徒制中的应用

终身学习在学徒制中的应用是现代职业教育的重要特征之一。通过灵活的学习路径设计，现代学徒制允许学徒根据个人职业发展需求和行业变化，选择适合的学习模块和项目。这种灵活性不仅促进了个性化学习，也使得学徒在不断变化的职业环境中保持竞争力。个性化学习路径的设计考虑到了学徒的兴趣、能力和职业目标，确保学习内容的相关性和实用性，从而提高学习的有效性和持久性。

在现代学徒制中，学徒被鼓励在实践中反思和总结，通过导师反馈和同伴交流，增强自我评估能力。这种反思性学习过程有助于学徒发展批判性思维和解决问题的能力，推动终身学习的主动性和持续性。导师的反馈不仅为学徒提供了专业知识指导，还帮助学徒识别了自身的优势和不足，制订改进计划。同伴交流则为学徒提供了一种相互学习和支持的环境，激励他们在学习过程中保持积极性和动力。

企业在现代学徒制中扮演着重要角色，通过提供多样化的培训资源和学习平台，如在线课程和实习项目，支持学徒在工作中进行持续学习和技能更新。这些资源的多样性和灵活性使学徒能够在不同的学习情境中获得知识和技能，适应快速变化的工作环境。在线课程提供了广泛的学习内容，实习项目则为学徒提供了实践经验，二者结合有效地促进了学徒的全面发展和职业成长。

终身学习理念在现代学徒制中还强调跨学科知识整合，鼓励学徒在不同领域之间进行学习，以增强其综合素质和适应能力。跨学科学习有助于学徒理解复杂问题的多维性，并培养创新思维和协作能力。这种知识整合不仅提高了学徒的专业能力，也增强了他们在职场中的灵活性和适应性，使其在不同的职业角色中游刃有余。

三、社会学习理论

（一）观察学习在现代学徒制中的作用

在现代学徒制框架下，观察学习作为一种重要的学习方式，发挥着不可或缺的作用。现代学徒制强调在实际工作环境中通过观察和模仿来促进学徒的学习和成长。通过观察经验丰富的导师和同事，学徒能够快速掌握实际操作技能，提升职业能力。这种通过观察学习获得的技能往往比传统课堂教育中所学的理论知识更为实用，因为它直接与工作场景相联系，使学徒能够在真实的工作环境中应用所学知识与技能。

观察学习不仅可以帮助学徒掌握基本技能，还可以促进他们对行业最佳实践的理解。在现代学徒制中，学徒通过观察行业内的优秀实践者，能够全面地了解行业标准和规范。这种理解有助于学徒在工作中更有效地应用所学知识，提升其职业素养和竞争力。此外，观察学习还为学徒提供了一个理解复杂工作流程的机会，使其能够将零散的知识点整合成系统的职业技能。

增强自信心是观察学习带来的又一个重要益处。通过观察他人的成功经验，学徒能够看到成功的可能性，这在很大程度上提升了他们的工作动机和参与感。观察学习让学徒明白，成功并非遥不可及，而是可以通过努力和正确的方法实现的。这种信念的建立使学徒在面对工作挑战时更具信心，从而更积极地参与工作任务。

在观察学习的过程中，学徒还能够识别和分析专业技能中的细微差别，培养自己对职业技能的敏感度和理解力。这种能力的培养对于学徒的职业发展至关重要，因为许多职业技能的高水平应用依赖于对细节的敏锐把握。通过观察，学徒能够识别出成功实践者在执行技能时的微小差异，并将这些差异转化为自己的技能优势。

（二）角色楷模效应对学徒技能发展的影响

角色楷模效应对学徒技能发展的影响是现代学徒制一个重要的研究领域。通过观察和模仿成功的职业楷模，学徒能够在实践中获得直接学习经验。角色楷模在职业环境中展示的成功行为和技能，不仅为学徒提供了一个具体的学习目标，还激励他们在职业实践中不断追求卓越。这种效应能够显著提升学徒的自我效能感，使他们在面对职业挑战时更加自信和积极。角色楷模的存在为学徒提供了一个现实的参照系，有助于他们在职业发展道路上树立明确的方向和目标。

在学习过程中，学徒通过观察角色楷模的实际操作，能够迅速掌握行业内的最佳实践。观察学习有效地缩短了学徒的学习曲线，使他们能够更快地适应职业要求。角色楷模在工作中表现出的专业技能和解决问题的能力，为学徒提供了一个直接的学习模板。通过模仿这些技能和行为，学徒不仅提高了自身的技术水平，还能够在实际工作中灵活应用所学知识。这种学习方式强调实践的重要性，为学徒提供了理论与实践相结合的宝贵机会。

角色楷模不仅通过行为示范影响学徒的技能发展，还通过反馈和指导帮助学徒识别自身的不足。角色楷模的反馈通常是基于实际工作情境的，这使学徒能够及时调整自己的学习策略，有针对性地提升自己的技能。角色楷模的指导不仅关注学徒当前的技能水平，还着眼于他们的职业素养和长远发展。通过这种互动，学徒能够获得全面的职业发展视角，增强在职业领域的竞争力。

第三节　现代学徒制的课程体系建设

一、现代学徒制课程目标的设定

（一）技能提升目标

在现代学徒制的课程体系中，技能提升目标是核心所在。这一目标旨在提升学徒在特定职业领域的实际操作技能，以满足行业标准和企业需求。现代学徒制强调实践与理论相结合，通过在真实工作环境中进行训练，学徒能够在导师的指导下逐步掌握复杂的操作技能。这种实操经验不仅有助于学徒理解行业标准，还能使他们在进入职场时具备竞争优势。通过制定明确的技能提升目标，学徒能够在学习过程中有的放矢，更加专注于对关键技能的掌握，从而在未来的职业生涯中脱颖而出。

培养学徒的专业知识，使其能够在实际工作中有效应用理论知识，增强其职业素养，是现代学徒制课程目标设定的一个重要方面。传授专业知识并不仅限于课堂教学，而是通过工作场所的实际应用来实现。学徒在工作中面对真实的业务问题，能够将课堂上学到的理论知识应用于解决实际问题，这种学习方式极大地增强了他们的职业素养。通过与经验丰富的导师合作，学徒能够更深入地理解专业领域的复杂性，并在实践中不断提高自己的知识水平和应用能力。

现代学徒制的课程目标还包括提高学徒的解决问题能力，使其能够在工作中独立分析和应对实际挑战。在现代职场中，独立解决问题的能力是每位职业人士必备的素质。通过在学徒期间的实践训练，学徒能够在面对复杂的工作环境时进行独立思考，运用所学的知识和技能分析问题并提出解决方案。这种能力的培养不仅有助于学徒在当前的岗位上取得成功，也为他们的职业发展奠定了坚实的基础，使他们在未来的职业生涯中能够应对各种挑战。

增强学徒的团队合作能力，通过参与项目合作，提高其沟通与协作的技巧，是现代学徒制课程目标的关键组成部分。在当今工作环境中，团队合作已成为实现组织目标的重要手段。现代学徒制通过安排学徒参与实际项目合作，使其在真实的团队环境中锻炼沟通与协作能力。通过与团队成员的互动，学徒能够学习如何在多样化的团队中发挥自己的作用，如何与不同背景的人有效沟通，以及如何在团队中协调和分配任务。这种能力的提升使学徒在未来的职业生涯中能够更好地融入团队，推动组织的发展。

提升学徒的适应能力，使其能够快速学习和掌握新技术，保持与行业发展同步，是现代学徒制课程目标的又一个重要方面。在技术快速发展的今天，职业人士必须具备快速适应新技术的能力。现代学徒制通过不断更新课程内容，并结合行业最新发展趋势，帮助学徒在学习期间不断接触新技术和新工具。学徒在导师的指导下，能够快速掌握并应用这些新技术，从而在职业发展中保持竞争力，并适应不断变化的行业需求。这样的课程目标设定不仅使学徒能够在当前岗位上实现价值，也为他们的长期职业发展做好了准备。

（二）职业素养目标

1. 沟通能力

有效的沟通不仅是个人职业发展的基石，也是团队协作的必要条件。现代学徒制课程体系重视提升学徒的沟通能力，使其能够在工作中与同事、客户和上级进行有效交流。这种能力的提升有助于促进团队合作与信息传递，减少误解与冲突，提高工作效率。通过模拟职场情境和真实项目训练，学徒可以在实践中不断增强沟通技巧，为未来的职业生涯打下坚实基础。

2. 时间管理能力

在快节奏的工作环境中，合理安排工作任务和时间是提高工作效率和自我管理能力的关键。现代学徒制通过一系列课程和实践活动，帮助学徒掌握时间管理技巧，使其能够有效地分配工作任务，避免拖延，提高工作效率。良好的时间管理能力不仅有助于学徒在职场中脱颖而出，也为其个人生活带来更多平衡与充实。

3. 创新思维能力

现代学徒制课程强调培养学徒的创新思维能力，使其能够在工作中提出新想法和解决方案，适应快速变化的行业环境。通过项目式学习和创新训练，学徒能够在实践中锻炼其创造力和解决问题的能力。这种能力的提升不仅有助于个人职业的发展，也为企业带来新的活力和竞争力。

4. 适应能力

在当今不断变化的职业环境中，快速适应新的工作环境和团队文化是职业成功的关键。现代学徒制通过多样化的学习和实践提升学徒的适应能力，使其能够迅速融入新的团队和工作环境，增强其职业灵活性。这种适应能力的培养，使学徒在面对职业生涯中的各种挑战时，能够从容应对，游刃有余。

二、现代学徒制课程教学方法的应用

（一）项目教学法

项目教学法在现代学徒制中扮演着重要的角色，它强调以实际项目为核心，通过真实问题驱动学习，从而增强学徒的实践能力和解决问题的能力。这种方法不仅仅是理论知识的传授，更是通过实际操作和参与项目来深化学徒对所学知识的理解。学徒在实际项目中需要面对真实的挑战和问题，这种体验式学习方式使他们能够更好地应用所学知识，并在应用过程中不断反思和改进。

此外，项目教学法强调学徒在团队中的协作能力。通过团队合作，学徒不仅能够培养沟通能力和团队合作精神，还能在与他人的互动中提升职业素养。在实际项目中，学徒需要与团队成员密切合作，共同解决问题，这种环境有助于他们发展出高效的沟通技巧和团队协作能力。这些技能在未来的职业生涯中是至关重要的，能够帮助学徒更好地适应职场环境。

项目教学法鼓励学徒将理论知识应用于实际项目中，从而增强其对专业知识的理解和掌握，提高职业适应能力。在项目中，学徒需要将课堂上学到的理论知识与实际操作相结合，这不仅加深了他们对知识的理解，还提高了他们在实际工作中应用这些知识的能力。这种能力对于他们未来的职业发展至关重要，使他们能够更快地适应工作环境的变化。

项目教学法还强调跨学科知识整合，鼓励学徒在不同领域进行学习，提升其创新能力和综合素质。在现代职场中，只掌握单一学科的知识往往不足以应对复杂的工作挑战。通过跨学科学习，学徒可以将不同领域的知识进行整合，形成全面的视角和解决问题的能力。这种跨学科学习不仅提升了他们的创新能力，也增强了他们应对复杂问题的综合素质。

（二）任务驱动法

任务驱动法强调通过具体任务来引导学徒学习，确保学徒在实践中掌握必要的技能和知识。任务驱动法的核心在于将理论与实践紧密结合，使学徒在真实的工作环境中，通过完成具体任务来理解和应用所学知识。这种方法不仅提高了学徒的实际操作能力，还使他们在解决实际问题时能够灵活运用所学，真正做到学以致用。

任务驱动法通过设定明确的任务目标，激励学徒主动参与，增强其学习动机和责任感。在任务驱动法的实施过程中，教师或导师会根据学徒的学习进度和能力水平，设计出一系列循序渐进的任务。这些任务目标明确，难度适中，能够激发学徒的学习兴趣，并促使他们在完成任务的过程中不断挑战自我。通过这样的方式，学徒能够在自主学习中逐步积累经验，增强其自信心和责任感。

任务驱动法促进学徒在团队中协作，通过共同解决实际问题，提高其沟通能力和团队合作精神。在现代学徒制的教学过程中，许多任务需要团队合作来完成。学徒在团队中通过分工合作、信息共享和共同决策，培养了良好的沟通技巧和团队合作精神。这不仅有助于提高任务完成的效率和质量，也为学徒今后的职业发展打下了坚实的基础。

在任务驱动法的实施过程中，学徒可以通过反思和总结任务完成过程，提升自我评估能力，促进持续改进。任务完成后，学徒需要对整个过程进行反思，分析任务实施中的成功与不足之处。这种反思和总结的过程有助于学徒提高自我评估能力，找出改进的方向，从而在后续的学习和实践中不断提升自我。这种自我反思能力对学徒的长期发展至关重要。

任务驱动法允许学徒根据个人兴趣和职业目标选择任务，从而增强学习的个性化和针对性。任务驱动法的灵活性体现在学徒可以根据自己的兴趣爱好和职业规划选择不同的任务。这种个性化的学习方式，不仅提高了学徒的学习效率，也使他们在学习过程中保持较高的积极性和专注力。通过这样的方式，学徒能够更好地实现个人职业目标，提升自身的专业素养和竞争力。

（三）角色扮演法

角色扮演法在现代学徒制课程中扮演着关键角色，通过模拟真实工作场景，使学徒能够深入体验并理解不同职业角色的具体职责和所面临的挑战。这种方法不仅有助于提升学徒的职业认知，还能使他们在角色扮演过程中更好地感受到职业角色所需的技能和态度。角色扮演法的应用使学徒在理论与实际之间架起了一座桥梁，帮助他们更好地将所学知识应用于实践中，从而提升其综合职业素养。

角色扮演法鼓励学徒在模拟场景中进行互动，这种互动不仅增强了他们的沟通能力，还促进了团队合作精神的培养。在角色扮演过程中，学徒需要与同伴合作完成任务，这种合作不仅需要成员具有良好的沟通技巧，还需要团队成员之间的默契与配合。通过角色扮演，学徒能够在轻松的氛围中提升自信，并逐渐形成良好的职业素养。这种方法有效地将理论知识与实际工作能力相结合，为学徒的职业发展奠定了坚实基础。

角色扮演法为学徒提供了即时反馈的机会，这对于他们的学习和成长至关重要。在角色扮演过程中，学徒能够及时识别自己在实际工作中可能遇到的问题，并通过反馈找到相应的解决方案。这种即时反馈机制能够帮助学徒有针对性地提升自己的技能，确保他们在未来的职业生涯中能够更好地应对各种挑战。角色扮演法不仅是技能训练的有效工具，也是促使学徒不断反思和自我提升的重要途径。

通过角色扮演，学徒能够在安全的环境中尝试不同的工作策略，这为他们培养创新思维和适应能力提供了宝贵的机会。在角色扮演中，学徒可以大胆尝试不同的解决方案，探索多种可能性，而不必担心失败的后果。这种尝试和探索不仅激发了学徒的创造力，也提高了他们的适应能力，使他们能够更好地应对未来职业中的各种不确定性和挑战。

角色扮演法强调情境学习，学徒在这种教学中不仅能够应用所学的理论知识，还能在实践中反思和总结自己的经验。这种反思和总结过程有助于学徒实现知识的内化与转化，使他们能够更深刻地理解所学内容，并在实际工作中灵活运用。通过角色扮演，学徒逐渐形成了从理论到实践再到反思的完整学习链条，为其职业发展提供了持续的动力和支持。

三、现代学徒制课程资源的开发

（一）课程资源的类型与特点

课程资源的类型与特点在现代学徒制中扮演着至关重要的角色。课程资源可以分为多种类型，每种类型都具有独特的特点和功能。首先，教材和学习资料是最基本的课程资源类型之一。这些资源提供了系统的理论知识和实践指导，帮助学徒掌握必要的职业技能。教材通常涵盖了行业的最新发展和技术标准，而学习资料则包括案例分析、实操指南等，旨在为学徒提供全面的学习支持。此外，教材和学习资料还需不断更新，以适应行业变化和技术进步的需求。

其次，在线学习平台和数字资源的出现为现代学徒制的课程资源增添了新的维度。这些资源为学徒提供了灵活的学习方式，支持自主学习和随时随地获取知识。在线学习平台通常包含丰富的多媒体内容，如视频讲解、互动练习和虚拟实验室，帮助学徒在学习理论的同时进行实践操作。数字资源的特点在于易于更新和扩展，能够快速响应行业的变化和满足学徒的个性化需求。此外，通过在线平台，学徒可以与导师和同伴进行互动，增强学习的互动性和协作性。

最后，实习项目和实践基地作为课程资源，为学徒提供了真实的工作环境，极大地增强了其实践能力和职业适应性。这类资源的特点在于其真实性和实用性，学徒可以通过在实际工作环境中的实践，直接将所学知识应用于工作中。实习项目通常与企业合作，学徒在企业中的工作体验不仅提高了其技能水平，还帮助其理解企业文化和工作流程。实践基地则提供了一个模拟的工作环境，学徒可以在安全的环境中进行实践操作，积累经验，为未来的职业生涯打下坚实的基础。

（二）课程资源的开发策略

在现代学徒制的课程体系建设中，课程资源的开发策略是关键环节之一。

课程资源的开发不仅仅是对教学内容的补充，更是对教学方法的创新。在开发过程中，应注重资源的多样性和实用性，以满足各类学徒的不同需求。这不仅包括传统的教材和讲义，还应涵盖视频教程、在线学习模块以及互动式学习工具等。这些多元化的课程资源能够适应不同学徒的学习风格，为学徒提供灵活的学习路径，增强学徒的学习体验和效果。

开发多元化的课程资源，旨在通过丰富的媒介形式和内容呈现方式，满足学徒多样化的学习需求。视频教程可以通过生动的画面和声音传递复杂的概念，在线学习模块则可以提供灵活的学习时间安排，而互动式学习工具则能激发学徒的参与感和主动性。这些资源不仅拓宽了学徒的学习渠道，还为其提供了自主学习的机会，使学徒能够根据自身的学习风格和节奏选择适合的学习方式，从而提高学习效率和效果。

整合跨学科知识资源，设计综合性课程模块，是促进学徒知识应用与创新能力提升的重要策略。现代学徒制强调实际操作与理论知识相结合，通过跨学科的资源整合，可以为学徒提供全面的学习内容。这种综合性课程模块能够帮助学徒在不同领域之间建立联系，培养其跨学科思维能力和创新能力，从而在实际工作中更好地解决复杂问题，适应多变的行业需求。

（三）课程资源的更新与维护

在现代学徒制的实施过程中，课程资源的更新与维护显得尤为重要。这一过程不仅涉及对现有资源的优化，还包括对新兴技术和行业发展趋势的及时响应。定期评估课程资源的有效性是确保其与行业标准和技术进步保持一致的关键。通过这种评估，可以及时发现资源中存在的问题，并采取相应措施加以解决。这一持续的评估过程需要建立在科学的标准之上，以保证课程资源能够有效地支持学徒的学习和成长。

在课程资源更新与维护的过程中，建立反馈机制是促进资源持续改进的重要手段。鼓励学徒和企业导师对课程资源提出意见和建议，可以收集到第一手的使用体验和改进意见。这种反馈机制不仅有助于识别课程资源的不足之处，还能激发学徒和导师的参与热情，形成良性互动循环，推动资源不断更新和完善。反馈机制的有效运作需要有明确的渠道和流程，以确保意见和建议能够被及时采纳和实施。

随着行业需求和学徒学习方式的快速变化，课程资源必须不断适应这些变化，以保持其相关性和实用性。引入先进的技术手段，如虚拟现实、在线学习平台等，可以丰富课程资源的表现形式和交互方式，提高学徒的学习兴趣和效果。定期更新课程资源，不仅是对技术发展的响应，也是对学徒个性化学习需求的支持。

为了确保课程资源的长期有效性和可用性，制订维护计划是必不可少的。维护计划应明确责任人和维护周期，以保证资源在使用过程中始终处于最佳状态。制订这一计划时需要综合考虑资源的特性、使用频率以及技术更新的速度等因素。制订科学合理的维护计划，可以有效延长课程资源的使用寿命，降低资源的更新成本，同时提高学徒制课程体系的整体质量和稳定性。

第二章　现代学徒制的实施模式

第一节　基于校企合作模式的现代学徒制

一、校企合作协议的签订与管理

（一）协议签订流程规范

在现代学徒制的实施过程中，协议签订流程的规范化是确保校企合作顺利开展的关键环节。签订流程的第一步是校企双方初步沟通，明确合作意向与基本框架。这一阶段的目标是确保双方对合作的理解一致，避免在后续合作中出现不必要的误解与冲突。通过初步沟通，双方可以就合作的基本方向、目标以及可能的实施路径达成初步共识，为后续的协议制定奠定基础。这一过程不仅涉及对合作内容的探讨，还包括对合作模式、责任分配以及预期成果的初步设想。

第二步是在达成初步共识后，制定详细的协议草案。协议草案的制定是一个复杂而细致的过程，需要涵盖各项条款与条件，确保内容的清晰与完整。协议草案通常包括合作的具体细节、各方的责任与义务、合作的时间框架、评估与反馈机制等内容。制定详细的协议草案有助于在后续讨论中提供一个明确的基础，使各方能够在此基础上进行深入的探讨与修订。这一阶段要求参与各方具备一定的法律知识与谈判技巧，以确保协议草案的合法性与可操作性。

第三步是在协议草案完成后，校企双方组织进行协议草案的讨论与修订。这一过程的核心是确保各方意见得到充分表达与采纳，促进共识的达成。通过多次的讨论与修订，校企双方能够进一步明确合作的细节，解决潜在的分歧与问题，确保最终协议能够反映各方的真实意图与利益。这一阶段的讨论通常是一个动态的过程，可能需要多次的会议与沟通，以确保最终达成的协议文本能够被各方所接受并认可。

第四步是校企双方在确认协议文本后，安排正式的签署仪式，以确保协议的合法性与有效性。签署仪式不仅是对协议的正式确认，也是对校企双方合作关系的正式宣告。签署后，协议需进行备案，以备后续管理与执行。这一过程不仅确保了协议的法律效力，也为后续的合作实施提供了明确的依据与保障。在整个签订流程中，规范化的操作不仅有助于提升合作的效率与效果，也为现代学徒制的成功实施奠定了坚实的基础。

（二）协议的履行和监督

1. 建立定期检查机制

通过定期检查，校企双方可以确保所有培训活动按照协议内容进行，并及时发现和解决可能出现的问题。这种机制不仅有助于维持高质量的培训标准，还能防止由沟通不畅或其他原因导致的协议偏离。通过这种方式，校企双方可以共同维护合作的初衷，保障学徒的学习和成长。

2. 设立反馈渠道

为了促进协议履行的透明度和有效性，设立反馈渠道是必不可少的。这些渠道可以鼓励学徒、企业导师和学校教师积极参与到协议履行的评价中。通过收集来自不同参与方的意见和建议，校企双方能够更准确地识别协议实施中的优点和不足之处。这种多方参与的反馈机制不仅能促进协议改进，还能增强各方对合作的信任和支持，使现代学徒制在实际操作中更加顺畅和高效。

3. 制定量化的评估指标

评估指标通常包括学徒的技能掌握程度、实习表现及企业满意度等方面，通过这些具体的量化数据，校企双方可以更直观地衡量协议的实施效果。这种评估不仅为协议的改进提供了科学依据，也为未来的合作奠定了数据支持基础，使得现代学徒制的实施更有针对性和可持续性。

4. 定期安排沟通会议

沟通会议为双方提供了一个讨论和交流的平台，能够及时解决协议执行过程中出现的问题，并根据实际情况对协议条款进行必要的调整。通过这种持续的沟通与协作，校企双方可以确保协议的各项条款得到有效落实，从而实现现代学徒制的目标，为学徒提供优质的学习和成长环境。

二、校企联合培养方案的制定与实施

（一）培养目标的设定

在现代学徒制的实施过程中，培养目标的设定是至关重要的环节。明确学徒的职业技能需求，确保培养目标与行业标准相符合，是制定培养方案的首要任务。通过对行业发展趋势的深入分析，校企双方需要共同确定学徒在职业技能方面的具体需求，以确保培养目标能够紧密贴合当前行业标准。这不仅有助于学徒在职业生涯中获得竞争优势，也为企业的人才储备提供了有力保障。

同时，设定学徒的综合素质提升目标也是培养方案的重要组成部分。现代职场不仅需要员工具备扎实的专业技能，还要求他们具备良好的团队合作精神、沟通能力和解决问题的能力。因此，在设定培养方案目标时，应注重综合素质的提升，通过多样化的实践活动和课程设计，帮助学徒在这些方面得到全面发展。这种综合素质的培养，有助于学徒在未来职场中更好地适应多变的工作环境。

结合企业发展战略制定培养目标，是提升学徒职业适应性的关键。现代学徒制不仅是学徒实现个人发展的路径，也是企业实现战略目标的重要工具。校企合作应充分考虑企业的发展方向和战略需求，将其融入培养目标的设定中。这种结合能够确保学徒在学习过程中逐步适应企业文化和工作流程，从而在进入职场后迅速融入企业，为企业的发展贡献力量。

考虑学徒的个体差异，设定个性化的培养目标，以满足不同学徒的成长需求，是现代学徒制人性化的体现。每位学徒在能力、兴趣和发展潜力上都有所不同，因此培养方案应具备一定的灵活性，以适应这些差异。通过个性化的目标设定，学徒能够在自身优势领域得到充分发展，同时也能在相对薄弱的方面得到有效提升，从而实现全面发展。

（二）实施步骤的规划

在实施现代学徒制的校企合作模式中，实施步骤的规划是一个至关重要的环节。该规划不仅需要制定详细的实施时间表，还必须明确每个阶段的起止时间和关键节点，以确保各项活动能够按计划推进。时间表的制定应考虑到学徒的学习进度、企业的生产周期以及学校的教学安排，确保各方资源最优配置。制订合理的时间规划，可以有效地避免资源浪费和计划延误，保障学徒培养顺利实施。

为了确保现代学徒制的各个环节能够顺利进行，责任分配是实施步骤规划的关键内容。校企双方需要明确各自在实施过程中的具体职责，确保每个环节都有专人负责。这不仅有助于提高工作效率，还能增强各方的责任意识，形成良好的合作氛围。责任分配的明确化能够促进校企双方的沟通与协调，为学徒制的成功实施奠定坚实基础。

建立培训记录和反馈机制是实施步骤规划不可或缺的一部分。通过详细的记录，校企双方可以及时掌握学徒的学习过程和进展情况，为后续的调整和改进提供数据支持。反馈机制则确保学徒在学习过程中遇到的问题能够被及时发现和解决，提升学徒的学习效果和满意度。这种机制的建立不仅有助于学徒的个性化发展，也为校企合作的长期稳定提供了保障。

制定学徒实习和培训的考核标准是实施步骤规划的收尾工作。明确的考核标准能够保证学徒在各个阶段的表现得到客观评估，为后续的发展提供依据。考核标准的制定应综合考虑学徒的专业技能、综合素质以及企业的实际需求，确保评估结果的公正性和科学性。通过这样的考核标准，校企双方可以共同推动学徒全面发展，为现代学徒制的成功实施提供有力支持。

三、校企合作中的角色与职责分配

（一）学校在校企合作中的核心职责

学校在校企合作中的核心职责在于制定符合行业标准和企业需求的学徒培养方案。培养方案不仅要涵盖学徒所需的理论知识，还要确保其能够有效应用于实际工作中。这要求学校深入了解行业动态和企业实际需求，以便将这些信息融入教学计划中，从而实现教育与实际工作的有效衔接。通过制定科学合理的培养方案，学校能够帮助学徒在学习过程中形成系统的职业技能和素养，为其未来的职业发展奠定坚实基础。

在校企合作中，学校需提供专业的师资力量，以确保学徒的技能培训能够达到预期效果。教师在这一过程中扮演着至关重要的角色，他们不仅需要具备丰富的实践经验，还要拥有较强的教学能力。通过将理论知识与实践经验相结合，教师可以为学徒提供全面的指导，帮助他们更好地理解和掌握所学内容。此外，教师的行业背景和实践经验也有助于教师在教学中引入真实案例分析，进一步提高学徒的学习效果。

理论学习与实践活动的有机结合是现代学徒制的重要特征，学校在这一过程中应积极组织学徒进行理论学习和实践活动，确保两者相互促进。通过在校内外的学习环境中交替进行，学徒可以将所学理论知识应用于实际操作中，从而加深理解。这种学习模式不仅提高了学徒的动手能力，还培养了他们解决实际问题的能力，为其职业生涯的发展提供了有力支持。

此外，学校需负责对学徒进行考核与评价。这一过程不仅是对学徒学习成果的检验，也是对其职业能力的评估。学校应确保评估标准的客观性与公正性，以便为学徒的职业发展提供有效依据。通过科学合理的考核机制，学校能够帮助学徒明确自身的优势与不足，指导他们在未来的职业道路上进行更有针对性的提升和发展。

(二) 企业在校企合作中扮演的关键角色

在校企合作模式中，企业扮演着至关重要的角色，直接影响现代学徒制的实施效果。

1. 企业需要为学徒提供实习岗位

这不仅是学徒进入真实工作环境的桥梁，也是他们提升职业技能的关键途径。在真实的工作环境中，学徒能够将理论知识与实践操作相结合，培养其解决实际问题的能力。此外，企业的生产和运营环境为学徒提供了一个观察和学习的机会，使他们能够更好地理解行业运作的规律和特点。

2. 企业需积极参与学徒培训方案的制定

通过提供行业需求信息，企业能够确保培训目标与市场需求相匹配。这一过程不仅有助于学校设计更具针对性的教学计划，也能使学徒在完成学业后更具市场竞争力。企业的行业洞察力和前瞻性能够为培训方案的科学性和实用性提供保障，从而为学徒的未来职业发展打下坚实基础。

3. 企业要安排经验丰富的导师对学徒进行指导

导师的经验和专业技能是学徒快速适应工作环境的关键。通过一对一的指导，导师能够帮助学徒理解复杂的工作流程，掌握专业技能，并在工作中培养职业素养。这种指导不仅提升了学徒的技能水平，也增强了他们对职业生涯的信心和规划能力。

4. 企业需与学校保持密切沟通，及时反馈学徒的培训效果

通过双向沟通，企业和学校能够共同改进合作模式和培养方案，以确保学徒制的实施能够满足双方的期望和需求。企业的反馈不仅为学校提供了教学改进的依据，也为双方的长期合作奠定了坚实的基础。这种协作关系的建立，有助于推动现代学徒制的持续发展与完善。

（三）学生在校企合作中的责任与义务

学生在校企合作中的责任与义务在现代学徒制中扮演着重要角色。学生不仅是知识的接受者，还是实践的参与者和职业发展的探索者。在校企合作的框架下，学生应主动参与各项活动，积极配合学校与企业的安排，确保培训与实习顺利进行。这种主动参与不仅能加深学生对理论知识的理解，还能帮助他们在真实的工作环境中锻炼实际操作能力，提高解决问题的能力。

在校企合作中，学生需认真学习相关理论知识，提升自身的专业素养，以便在实践中更好地应用所学内容。理论知识是实践的基础，学生通过课堂学习，掌握专业领域的基本概念和原理，能够为实习和工作中的具体任务提供理论支持。这种理论与实践的结合，不仅能提高学生的专业水平，也有助于他们在未来的职业生涯中保持持续的学习和进步。

此外，学生应保持良好的职业道德，遵守企业的规章制度，展现出良好的团队合作精神与沟通能力。职业道德是学生在企业立足的基础，而遵守规章制度则是学生在企业获得信任的重要途径，团队合作精神和沟通能力是现代职场中不可或缺的素质，这些能力的培养不仅能帮助学生在实习中获得更好的表现，也能为他们未来的职业发展打下坚实的基础。

在校企合作的过程中，学生应定期向导师和教师反馈学习与实习中遇到的问题与困惑，以便及时获得指导和支持。反馈机制是校企合作中重要的一环，学生通过反馈可以及时获得导师和教师的帮助，从而更好地解决在学习和实习中遇到的困难。这样的互动不仅能提高学生的学习效果，也能促进校企之间的沟通与合作。

四、校企合作中的资源共享与优势互补

（一）校企资源的互通机制构建

校企资源的互通机制构建是现代学徒制中至关重要的一环。建立校企资源共享平台，可以有效促进信息、设备和技术的互通。这种互通不仅提升了学徒培训的效率和质量，还为企业和学校提供了一个共同成长、共同发展的契机。资源共享平台的建设需要考虑双方的实际需求和发展方向，以确保平台的实用性和可持续性。通过这种机制，企业可以更好地了解教育界的最新动态，学校能及时获取行业的最新技术和设备，从而实现教育与产业的无缝对接。

为了确保资源共享的顺利进行，制定资源使用规范是必不可少的步骤。明确各方在资源共享中的责任与义务，可以有效避免因不当使用资源而引发的纠纷。这些规范不仅包括资源的使用权限和使用范围，还涉及资源的维护和更新责任。通过制定详细的规范，校企双方可以在资源共享中保持良好的合作关系，确保资源的合理利用与管理。这种规范化的管理方式有助于提高资源使用的透明度和效率，进一步推动现代学徒制良性发展。

定期组织校企联合研讨会，是促进双方在教育与实践中协同创新的重要举措。通过研讨会，校企双方可以交流行业动态与技术发展，分享彼此的经验和见解。这种交流不仅有助于学校课程的更新和调整，也为企业提供了新的视角和灵感。研讨会的举办需要充分考虑双方的需求和期望，以确保讨论内容的实用性和前瞻性。通过这种形式的交流，学校和企业可以更好地理解彼此的目标和挑战，从而在合作中实现优势互补。

建立校企联合实验室或实训基地，为学徒提供实践环境与设备支持，是提升学徒实际操作能力与职业素养的有效途径。这些实验室和实训基地不仅为学徒提供了一个学习和实践的平台，也为企业和学校提供了一个展示和推广自身技术和成果的窗口。借助这种合作，学徒可以在真实的工作环境中锻炼自己的技能，而企业也可以借此机会培养和选拔未来的员工。这种双赢的合作模式不仅推动了现代学徒制的实施，也为校企双方的长远发展奠定了坚实的基础。

（二）优势互补策略的探索与实践

在现代学徒制的实施过程中，校企合作中的优势互补策略是提升学徒培养

质量的关键。通过建立校企联合创新项目，学校和企业可以共同研发新技术和产品，促使学徒在真实的工作环境中提升实践能力和创新意识。这种合作不仅为学徒提供了宝贵的实践机会，也为企业带来了新鲜的创意和技术支持。校企联合创新项目的实施，使学徒在学习过程中能够直接参与到企业的实际生产和研发活动中，从而更好地理解行业需求和技术应用，增强他们的职业竞争力和适应能力。

此外，企业导师与学校教师的双向交流机制是优势互补策略中的重要环节。通过这种机制，企业导师能够将实际的行业经验和最新的技术动态传递给学校教师，帮助他们更新教学理念和方法；同时，学校教师可以将先进的教学理论和教育方法传授给企业导师，提升企业导师的教育能力和指导水平。这样的双向交流不仅促进了校企双方在教学理念上的互补，也提升了实践经验的共享，使学徒在学习过程中能够接受全面和系统的指导。

定期开展的校企联合培训也是优势互补策略的重要组成部分。通过邀请企业导师为学校教师进行专业技能培训，学校教师能够更好地掌握行业前沿技术和实践技能。这种培训不仅提高了教师的实践教学能力，也为学徒的培养提供了更为实用的知识和技能支持。企业导师在培训过程中还可以分享最新的行业动态和发展趋势，帮助学校教师更好地理解行业需求，从而更有针对性地进行教学设计和课程安排。

第二节　基于工学结合模式的现代学徒制

一、工学结合模式下工学一体化课程的设计

（一）课程设计原则

课程设计原则在现代学徒制中起着至关重要的作用，它不仅是课程开发的基础，也是保证学徒能够有效学习并适应职场需求的关键。课程设计应以学徒的职业需求为导向，确保课程内容与行业标准和企业实际相匹配。这意味着课程开发者需要深入了解行业动态和企业的具体需求，以便将这些要求融入课程中，从而使学徒在学习过程中能够不断接触到最新的行业知识和技能。这种以需求为导向的课程设计方法有助于缩短学徒从学习到工作的过渡时间，提高其

就业能力和职业竞争力。

在设计工学一体化课程时，还应坚持灵活性原则。课程内容应具有灵活性，允许学徒根据自身发展需求选择适合的模块和选修课程。这样的灵活性不仅可以满足不同学徒的个性化学习需求，还可以帮助他们在学习过程中发现和发展自己的兴趣和特长。通过多样化的学习路径，学徒能够更加主动地参与到学习中，增强学习的积极性和效果。此外，灵活的课程设计也为学徒提供了调整学习计划的可能性，以便学徒更好地平衡学习与工作之间的关系。

（二）课程内容选择

课程内容选择是现代学徒制实施中的关键环节，直接影响到学徒的学习效果和职业能力的提升。选择适当的课程内容不仅要考虑学徒当前的知识基础和学习需求，还需紧密结合行业的实际情况和发展趋势。课程内容应涵盖行业最新技术与工具，确保学徒能够掌握当前市场所需的专业技能。这不仅仅有助于学徒在学习期间获得实用的技能，更为他们未来的职业发展奠定坚实的基础。在设计课程时，需与行业专家和企业合作，以确保课程内容的实用性和前瞻性。

现代学徒制的课程设计应包括软技能培训模块，如沟通、团队合作和解决问题的能力。这些软技能在职场中至关重要，能够帮助学徒在未来的职业生涯中更好地适应多变的工作环境和团队合作需求。通过系统的软技能培训，学徒可以在学习过程中逐步提升自身的综合素质，为未来的职业发展作好充分准备。这种全方位的能力培养也符合现代职场对人才的多样化需求。

为了保持课程的先进性和实用性，课程内容应定期更新，以反映行业变化和技术进步。随着技术的迅猛发展和市场需求的不断变化，课程内容的更新能够确保学徒的学习始终与时俱进。这需要教育机构与行业企业保持密切合作，及时获取行业动态和技术前沿信息，调整课程设置，确保学徒所学内容的前沿性和实用性。

二、工学结合模式下实训基地的建设

（一）实训基地的选址

实训基地的选址是工学结合模式实施中的关键环节之一。首先，地理位置应尽可能靠近主要行业聚集区，这不仅能为学徒提供更多的实习机会，还能使他们更便捷地接触到最新的行业动态和资源。这样的选址策略有助于学徒在真实的行业环境中进行学习，从而提高他们的实践能力和职业素养。此外，交通便利性是选址时需要重点考虑的因素。实训基地应位于交通发达的区域，以确保学徒能够便捷地到达，减少不必要的通勤时间。这种便利性不仅提高了学徒的学习效率，也激发了他们的学习积极性。

其次，实训基地的建设需考虑空间和设施的完备性。一个理想的实训基地应具有足够的空间来容纳不同类型的实训活动，并配备先进的设备、实验室和会议室等设施。这些设施的完善程度直接影响学徒的学习体验和实践效果。有了多样化的实训条件，学徒能够在模拟真实工作环境中进行操作，积累实际工作经验。此外，在选址过程中，评估周边企业的合作意愿和支持力度也是至关重要的。与企业的紧密合作可以为实训基地带来更多的资源支持和实践机会，确保学徒在学习过程中获得企业的指导和反馈。

最后，实训基地的选址应充分考虑安全性和环境因素。一个安全且环境良好的学习场所能够为学徒提供一个健康的学习和实践环境，从而更好地保障他们的身心健康。安全的环境不仅是学徒安心学习的前提，也是吸引更多学徒参与的重要因素。因此，在选址时应对周边环境进行全面评估，确保其符合安全标准并具有良好的环境条件。如果选址合理，实训基地不仅能成为学徒学习和实践的重要场所，也能为现代学徒制的长远发展奠定坚实的基础。

（二）实训基地的设施设备配置

实训基地的设施设备配置在现代学徒制中至关重要。

其一，实训基地应配备先进的教学设备，这不仅是为了确保学徒能够熟练掌握行业内最新的技术和工具，也是为了提升他们的实践能力。现代学徒制的核心在于通过实际操作来增强学徒的技能，因此配备先进的设备是实现这一目标的基础。设备的先进性直接关系学徒能否在实训中接触到真实的工作环境和行业标准，从而为他们未来的职业发展打下坚实的基础。

其二，一个合格的实训基地应满足多样化的实训需求，提供不同领域的实验室和工作空间。这种多样化的设施配置可以支持学徒在各个专业方向的学习与实践，确保他们能够在实训中全面提升技能。不同的学科和行业对实训的要求各不相同，因此实训基地需要灵活配置设施设备，以满足不同的教学和实训需求。这不仅有助于学徒在学习过程中发现自己的兴趣和特长，也能帮助他们在未来的职业选择中作出更为明智的决策。

其三，建立完善的安全管理系统，确保实训基地内的设备和环境符合安全标准，是保障学徒在学习过程中人身安全的关键。安全不仅是指设备的使用安全，还包括实训环境的整体安全性。定期进行安全检查和培训，增强学徒的安全意识，可以有效减少事故。同时，安全管理系统的建立也体现了实训基地对学徒的责任感和对教学质量的重视。

其四，实训基地应配置丰富的学习资源，包括专业书籍、在线课程和培训材料。这些资源的提供可以帮助学徒在课外时间进行自主学习，进一步巩固和提升在实训中获得的技能。随着信息技术的发展，在线课程和数字化学习资源已经成为现代教育的重要组成部分，这些资源的合理配置和使用可以极大地丰富学徒的学习体验。

三、工学结合模式下的学生管理与考核

（一）学生实习过程的管理

1. 学生实习过程的监督与指导

在现代学徒制的实施中，对学生实习过程的监督与指导是确保学徒在实践中获得有效学习的关键环节。为此，建立实习导师制度显得尤为重要。每位学徒都应配备专门的导师进行一对一指导，这不仅有助于学徒在实习中解决实际问题，还能为其提供个性化的发展建议。导师在实习过程中扮演着指导者和支持者的角色，帮助学徒在复杂的工作环境中找到学习的方向和动力。通过这种制度，学徒能够在真实的工作场景中不断反思和成长，从而提高其职业素养和实践能力。

2. 制订详细的实习计划

明确每个阶段的学习目标和任务，使学徒在实习过程中有明确的方向和目标，是确保学习效果的基础。详细的实习计划不仅为学徒提供了学习路线图，也为导师指导提供了依据。在制订计划时，需结合学徒的专业背景、个人兴趣以及企业的实际需求，以确保计划的可行性和针对性。通过这样的安排，学徒在实习过程中能够逐步积累经验，提升自身的职业能力。

3. 定期组织实习进展评估会议

通过实习进展评估会议，导师可以收集学徒的反馈与表现，及时调整指导策略。评估会议不仅是对学徒实习表现的检查，也是对其学习过程的反思和总结。通过与学徒互动，导师能够更好地了解学徒在实习中遇到的困难和需求，从而提供更有针对性的指导。这样的机制有助于保持学徒的学习积极性，并确保其在实习中不断进步。

4. 建立实习记录系统

要求学徒定期记录实习过程中的学习和反思，不仅能够帮助其梳理学习内容，还能促进其对自身学习过程的深度思考。实习记录系统为学徒提供了一个自我表达和总结的平台，使其能够更清晰地认识到自身的进步和不足。在记录的过程中，学徒可以反思自己的学习方法和效果，从而不断调整和优化自己的学习策略。这种自我评估的过程能够有效地促进学徒自主学习和持续发展。

（二）学徒工作表现的考核标准

学徒工作表现的考核标准在现代学徒制中扮演着至关重要的角色，它不仅是衡量学徒在实际工作环境中学习效果的关键指标，也是企业评估学徒能否胜任未来工作的基础。考核标准通常包括多个维度，以全面评估学徒的综合能力和职业素养。

首先，学徒在工作中完成任务的效率是一个重要的评估指标。这不仅包括任务完成的时间，还涉及任务完成的质量。高效且高质量的任务完成能力，反映了学徒在学习过程中对知识的掌握程度和运用能力较强。

其次，团队合作能力是现代工作环境中不可或缺的技能，因此学徒在团队合作中的表现是考核的重要组成部分。评估学徒与同事的沟通能力和协作精神，可以帮助企业了解学徒在团队中能否有效地交流和合作。良好的沟通能力和协作精神不仅有助于提高工作效率，也能增强团队凝聚力。通过与团队成员的紧密合作，学徒能够更好地理解工作流程和企业文化，从而提高自身的职业素养。

再次，遵守工作流程和安全规范是学徒在实践中必须具备的基本素质。在考核中，学徒对工作流程和安全规范的遵守程度被作为重要指标。这不仅体现了学徒的纪律性和责任感，也关乎工作环境的安全和企业的利益。确保学徒在实践中遵循行业标准，可以有效降低工作中的风险，保障个人和集体的安全。

同时，这也是学徒职业道德的体现，反映了其对工作的严谨态度。

最后，学徒的职业态度和责任感是考核中不容忽视的部分。这包括学徒对工作的热情、主动性以及对反馈的接受程度。积极的职业态度和强烈的责任感能够促使学徒在工作中不断进步，追求卓越。同时，乐于接受反馈并进行自我改进的学徒，更易适应不断变化的工作环境和挑战。因此，企业在考核中会特别关注学徒在这一方面的表现，以确保其具备成为优秀员工的潜力。

四、工作场所学习与学校教育的融合

（一）工作场所学习与学校课程的内容整合

工作场所学习与学校课程的内容整合是现代学徒制实施中的关键环节。通过将实践与理论有机结合，学徒可以在真实的工作环境中将课堂所学知识应用于实际操作中。这种整合不仅有助于学徒理解和掌握专业技能，还能培养其在复杂环境下的应变能力。学校课程应当充分考虑企业的实际需求，确保所教授的内容能够直接服务于学徒的职业发展。这种双向的内容整合，能够使学徒在学习过程中更具针对性和实用性，为其未来的职业生涯奠定坚实基础。

工作场所学习应与学校课程目标相一致，确保学徒在实践中能够有效应用所学知识，提升职业技能。学徒制的核心在于培养具备实际操作能力和理论知识的复合型人才。因此，学校与企业在制定课程目标时，需密切合作，确保课程内容不仅符合学术要求，还能满足行业标准和企业需求。通过这种一致性，学徒能够在学习过程中不断巩固和提升自己的技能水平，为企业带来更多的价值，同时也为自身的职业发展创造更多机会。

学校应与企业共同开发课程内容，将实际工作场所的需求融入教学大纲中，以增强课程的实用性和针对性。企业的参与能够提供最新的行业动态和技术需求，学校则通过系统的教学方法将这些需求转化为可操作的学习内容。通过这种合作开发，课程能够更好地反映真实的工作环境，学徒在学习过程中能够接触到行业前沿的技术和理念。这样的课程设计不仅提升了学徒的学习兴趣和动力，也提高了他们在职场中的竞争力。

（二）工作环境中的学徒学习路径设计

在设计工作环境中的学徒学习路径时，明确的学习目标是至关重要的。学徒需要在工作环境中清晰地了解自己需要掌握的技能和知识，以确保学习过程的针对性和有效性。这不仅有助于学徒在实际工作中应用所学技能和知识，还能提高他们的职业适应能力。通过设定明确的学习目标，学徒可以在学习过程中有的放矢，避免盲目学习，从而提高学习效率和效果。同时，这也为导师提供了指导的方向，使教学内容能够更好地服务于学徒的职业发展需求。

制定个性化的学习路径是现代学徒制的重要组成部分。根据每位学徒的背景和职业发展需求，灵活调整学习内容和进度可以有效提升学徒的学习动机和参与感。这种个性化的学习路径设计不仅尊重了学徒的个体差异，也为他们提供了更多的自主学习空间。通过这样的设计，学徒能够在适合自己的节奏中学习，充分发挥自身的潜力，最终实现个人与职业的双重成长。

在工作环境中，建立多样化的学习方式是提升学徒实践能力的关键。通过现场实操、导师指导和团队合作项目等多样化的学习方式，学徒能够在真实的工作场景中获得丰富的学习体验。这种多样化的学习方式不仅增强了学徒的实践能力，还提高了他们在工作中的适应能力和创新能力。通过参与不同形式的学习活动，学徒能够更好地理解工作流程和要求，从而为其未来的职业发展奠定坚实的基础。

（三）企业文化与学校教育的衔接方式

企业文化的核心价值观与学校教育目标的对接，是确保学徒在学习过程中认同并融入企业文化的关键。通过这种对接，学徒不仅能够在理论学习中潜移默化地受到企业文化的影响，还能在实践中将其内化为自身的职业素养。在这种模式下，学校需要与企业共同制定教育目标，使学徒在学校接受的教育能够与企业的期望和价值观保持一致，从而实现学徒的全面发展。

通过参与共同的培训项目，企业文化与学校教育的相互渗透得以实现。这些培训项目不仅涵盖专业技能的传授，还包括职业素养和团队合作能力的培养。企业和学校共同设计的培训项目能够有效地将企业文化融入学徒的学习过程中，使学徒在接受技能培训的同时，也能受到企业文化的熏陶。这种培训方式有助于提升学徒的职业素养，使其在未来的工作中更具竞争力和适应性。

建立企业文化宣导机制是企业文化与学校教育衔接的另一重要方式。定期组织文化交流活动，使学徒能够在实践中深刻理解企业文化的内涵与重要性。这些活动包括文化讲座、企业参观、经验分享会等，旨在通过多种形式让学徒亲身体验企业文化。通过这种方式，学徒不仅能够加深对企业文化的理解，还能增强对企业的归属感和认同感，从而在未来的职业生涯中更好地融入企业环境。

鼓励学徒参与企业文化建设活动，是提升其对企业文化认同感和归属感的有效途径。通过实际参与，学徒能够在企业文化建设中贡献自己的力量，从而加深对企业文化的理解和认同。这些活动可能包括企业文化日、团队建设活动、企业文化创意比赛等，通过这些活动，学徒不仅能够提升自身的文化素养，还能密切与企业的情感联系。这种深度参与有助于学徒在未来的职业生涯中更好地融入企业，成为企业文化的积极践行者。

第三节　基于师徒传承模式的现代学徒制

一、师徒传承模式中的师傅选拔与培训

（一）师傅选拔标准与资格

在现代学徒制的实施过程中，师傅的选拔标准与资格是确保学徒培养质量的关键环节。

1．扎实的专业知识与技能

扎实的专业知识与技能是传授学徒行业标准与实践经验的基础。专业知识不仅包括理论层面的理解，还涉及对行业最新动态的敏锐把握和对实际操作技能的精通。这种专业能力的全面性，能够帮助学徒在学习过程中更好地理解和应用所学内容，缩短理论与实践之间的距离。

2．良好的沟通能力

有效的沟通不仅体现在清晰表达教学内容上，还体现在准确理解学徒的疑问并及时给予解答上。沟通能力直接影响到学徒对知识的吸收和理解程度。通过建立良好的师徒关系，师傅可以激发学徒的学习兴趣，增强其学习的主动性和积极性，从而提升整体的学习效果。

3．教学能力

师傅须具备设计培训计划与课程内容的能力，以满足学徒的个性化学习需

求。一位优秀的师傅能够根据学徒的能力水平和学习进度，灵活调整教学策略，确保学徒在学习过程中不断进步。同时，合理的课程设计可以帮助学徒系统化地掌握知识，培养其解决实际问题的能力，为其未来的职业发展奠定坚实的基础。

4．良好的职业道德与责任感

良好的职业道德与责任感是现代学徒制不容忽视的部分。师傅不仅是知识的传授者，也是职业价值观的引导者。通过以身作则，师傅能够在潜移默化中影响学徒的职业态度，帮助他们树立正确的职业价值观。这种影响并不仅限于学徒的职业生涯初期，更会对其未来的职业发展产生深远影响。职业道德的培养是现代学徒制成功实施的重要保障。

（二）师傅的选拔与培训

在现代学徒制的实施中，师傅的选拔与培训是至关重要的环节。为了确保师傅能够在传授知识和技能方面达到预期的效果，培训内容与方法的设计需要全面而细致。

首先，师傅培训应包括教学方法的培训。这一部分的培训旨在帮助师傅掌握有效的教学技巧和策略，使他们能够更好地将专业知识和技能传授给学徒。这不仅涉及传统的教学方法，还包括现代教育技术的应用，以适应不同学徒的学习风格和需求。通过这样的培训，师傅能够在教学过程中变得更加灵活和高效。

其次，师傅需接受行业最新技术与趋势的培训。设置这一培训内容的目的是确保师傅所传授的知识和技能与当前市场需求保持一致。在现代社会，技术更新换代的速度越来越快，只有不断学习和更新知识，师傅才能在教学中保持竞争力。这种培训通常包括行业研讨会、技术交流会等形式，使师傅能够及时获取行业前沿信息，并将其应用于学徒培养中。

再次，培训内容应涵盖学徒心理和学习特点的相关知识。了解学徒的心理和学习特点有助于师傅在指导过程中更有针对性地进行教学。每个学徒的学习能力和心理状态都是不同的，师傅需要具备识别这些差异的能力，从而制定个性化的指导方案。这部分培训可以通过案例分析、心理学基础知识的学习等方式进行，使师傅能够更好地理解和支持学徒的成长。

最后，为了确保教学的有效性，师傅应学习如何进行有效的评估与反馈。评估与反馈是教学过程中的重要环节，通过及时的评估，师傅可以识别学徒的进步与不足，并提供建设性的建议。这不仅有助于学徒的成长，也能够帮助师傅调整教学策略，提高教学效果。培训中可以引入一些评估工具和反馈技巧，使师傅在实际教学中能够得心应手地进行评估工作。

二、师徒传承模式中的知识与技能传递

(一) 知识传递方式

1. 面对面指导

在现代学徒制中，知识传递方式是决定学徒能否有效掌握和应用所学知识的关键因素之一。通过面对面的指导，师傅能够实时解答学徒在工作中遇到的具体问题。这种即时反馈机制不仅有助于学徒更好地理解理论知识，还能提高其在实际工作中的应用能力。面对面的互动使得知识传递不再是单向的灌输，而是一个双向交流的过程，学徒可以在此过程中提出疑问，得到师傅的解答与指导，从而深化对知识的理解。此外，面对面的指导还让师傅能够根据学徒的理解和掌握情况，调整教学内容与节奏，以更好地满足学徒的学习需求。

2. 情景模拟

师傅通过创造逼真的工作环境，为学徒提供一个近乎真实的实践场景，使学徒能够在模拟中进行操作练习。情景模拟不仅能增强学徒的实际操作能力，还能帮助其在实践中发现问题并进行反思，从而提高解决问题的能力。通过这种方式，学徒能够在一个相对安全的环境中尝试不同的操作方法，积累经验，减少在真实工作环境中可能出现的失误。这种模拟练习方式使学徒能够更好地将理论知识转化为实践技能，提升其在职场中的竞争力。

3. 知识分享会

在知识分享会上，师傅与学徒可以就行业的最新动态与技术进展进行深入探讨。这种互动不仅促进了知识的更新与传承，还激发了学徒的学习兴趣和主动性。通过分享会，学徒能够了解行业的前沿信息，拓宽视野，并在与师傅及其他学徒的交流中形成对新知识的独特见解。此外，知识分享会还促进了团队的协作精神，增强了师徒之间的信任和沟通，为知识的有效传递营造了良好的氛围。

（二）技能传递技巧

在现代学徒制中，技能传递技巧至关重要。师傅通过示范教学，可以现场演示具体技能的操作流程。这种直接示范使学徒能够在观察中学习，并通过模仿迅速掌握所需的技能。示范教学不仅有助于技能的直观传递，还能帮助学徒理解技能背后的原理和应用场景，从而提高掌握技能的效率。通过这种方式，学徒不仅能学习到基本的操作技能，还能培养观察力和细节把控能力，为未来的职业发展打下坚实的基础。

在技能传递过程中，分步骤指导法是一种有效的教学策略。将复杂技能拆分为若干简单步骤，不仅能降低学徒的学习难度，还能增强学习过程的系统性与可操作性。对每个步骤的掌握都为后续学习奠定了基础，使学徒在循序渐进中全面掌握复杂技能。这种方法强调循序渐进和系统化学习，确保学徒在每个环节都能充分理解和掌握技能要点，从而在整体上提高技能水平和操作熟练度。

在技能传递过程中，反馈与纠正机制的实施也至关重要。师傅在学徒实践后及时给予反馈，指出不足之处并提供改进建议，是促进学徒技能快速提升的关键。通过这种反馈机制，学徒能够及时了解自身存在的不足并加以改进，从而在实践中不断提高技能水平。反馈不仅是对学徒表现的评估，而且是对其未来学习方向的指导，帮助学徒在实践中不断完善自身技能。

三、师徒传承模式中的学徒学习与成长

（一）学徒学习路径设计

1. 设计个性化学习路径

结合学徒的兴趣和职业发展目标，为学徒提供灵活的学习选择和进度安排，能够有效激发学徒的学习动力和参与热情。设计个性化学习路径时不仅要考虑到学徒当前的技能水平和知识储备，还需关注他们未来的职业发展方向，确保学习内容的实用性和前瞻性。通过这种方式，学徒能够在学习过程中不断调整和优化自己的学习计划，实现更加高效和有针对性的成长。

2. 建立多样化的学习方式

在学徒学习路径设计中，建立多样化的学习方式是提升学徒学习体验和

参与感的关键。实践操作、导师指导和在线学习是三种主要的学习方式。实践操作能够让学徒将理论知识应用于实际工作中，提升他们的动手能力和解决问题的能力；导师指导则通过经验丰富的导师传授专业技能和行业经验，帮助学徒在职业道路上少走弯路；在线学习则利用现代信息技术为学徒提供丰富的学习资源和灵活的学习时间安排，满足学徒个性化的学习需求。这种多元化的学习方式不仅丰富了学徒的学习体验，还增强了他们的学习主动性和创造力。

3. 制定明确的学习目标和评估标准

在设计学徒学习路径时，明确的学习目标能够为学徒提供清晰的学习方向，使其在学习过程中不至于迷失方向。评估标准则为学徒的学习成果提供了客观的衡量依据，帮助学徒了解自己的学习进展和不足。通过阶段性的评估，学徒可以及时调整学习策略，确保学习的有效性和针对性。

4. 鼓励学徒进行自我反思与总结

通过学习日志或讨论会等形式，学徒能够对自己的学习过程进行深入的分析和总结，发现学习中存在的问题和挑战，并提出改进措施。这种自我反思的过程不仅有助于学徒提高自身的学习能力，还能增强他们的自信心和自主性，使其在未来的职业生涯中更加游刃有余。

（二）学徒成长阶段划分

学徒成长阶段划分在现代学徒制中具有重要的指导意义，它帮助学徒在学习过程中明确各阶段的目标和任务。通过阶段性划分，学徒能够更系统地接受教育和培训，从而有效地提高自身的职业素养和技能水平。这一过程不仅涉及技术和知识的传授，还包括职业态度和价值观的培养，为学徒的全面发展打下了坚实的基础。

1. 初始阶段

学徒成长的初始阶段是学徒职业生涯的起点，在这一阶段，学徒主要通过基础理论学习和初步技能训练，逐步建立对职业的认知和技能框架。这一阶段的学习内容通常包括职业道德、基本操作技能和安全知识等。通过这种基础性的学习，学徒能够理解所从事行业的基本要求，并为后续的深入学习奠定良好的基础。这一阶段的学习强调理论与实践相结合，使学徒在实践中验证和巩固所学知识。

2．技能提升阶段

技能提升阶段是学徒成长过程中的关键环节，在这一阶段，学徒通过参与实际工作，逐步提高专业技能，并开始承担更多的工作任务。学徒在工作中不断接受师傅的指导与反馈，这种互动不仅有助于提升学徒的技能，也增强了学徒独立工作的能力。在这一阶段，学徒需要培养解决实际问题的能力，能够在师傅的指导下独立完成任务，同时也要学会对工作进行反思和总结，以便不断提升自己的专业水平。

3．综合素质培养阶段

综合素质培养阶段是学徒成长的重要阶段，在这一阶段，学徒不仅要继续提升专业技能，还需要注重培养职业素养、团队合作和沟通能力。通过参与团队项目和与同事的合作，学徒能够提高自己的团队协作能力和掌握沟通技巧。这一阶段旨在提升学徒的职业适应性，使其能够在复杂多变的工作环境中保持良好的工作表现，并为未来的职业发展做好准备。

4．创新能力发展阶段

创新能力发展阶段是学徒成长的高级阶段，在这个阶段，学徒在掌握基础技能后开始探索新方法和新技术，并被鼓励在工作中进行创新实践。通过培养创新能力，学徒能够提高解决问题的能力，并在工作中提出新的改进方案。这一阶段的学习强调思维的开放性和创造性，旨在培养学徒的创新意识，使其能够在未来的职业生涯中不断突破自我，实现更高水平的发展。

5．职业定位与发展阶段

职业定位与发展阶段是学徒成长的最终阶段，在这一阶段，学徒在积累了一定的经验后，开始明确自身的职业发展方向，并制订个人发展计划。学徒需要对自己的职业兴趣和能力进行深入分析，从而做出合理的职业选择。通过这一阶段的学习和规划，学徒为进入更高层次的职业阶段做好准备，确保能够在未来的职业生涯中实现个人价值和职业目标。

四、师徒传承模式中师徒关系的建立与维护

（一）师徒关系建立策略

在现代学徒制的实施过程中，师徒关系的建立是至关重要的。有效的师徒关系建立策略是确保学徒能够在学习过程中获得最大收益的基础。

首先，建立信任关系是师徒关系的核心。通过定期沟通与互动，师徒双方可以增进彼此的理解与默契。这不仅有助于创造良好的学习氛围，还能使学徒在学习过程中感受到支持与鼓励。定期互动可以通过正式的会议或非正式的交流实现，关键在于双方都能在交流中坦诚相待，分享各自的想法与反馈。

其次，明确师徒双方的期望与责任是师徒关系建立的一个重要策略。双方在开始合作时，需要对学习目标和过程达成共识。只有在明确了彼此的期望和责任后，师徒才能在合作中发挥主动性与积极性。这种共识的建立不仅能够减少潜在的误解与冲突，还能增强双方对学习与指导过程的投入感。通过这种方式，学徒能够在明确的指导下更有方向地进行学习与实践，而导师也能更有效地指导学徒的发展。

再次，为了确保师徒关系的持续性和有效性，有必要制定师徒关系维护机制。这包括定期的反馈与评估，以便及时调整指导策略。通过反馈机制，导师可以了解学徒的学习进展与需求，从而调整教学方法和内容，以更好地满足学徒的学习需求。同时，学徒可以通过反馈机制表达自己的困惑与建议，这有助于提高学习的有效性和针对性。评估机制则可以帮助导师和学徒共同反思学习过程中的得失，从而不断优化学习策略。

最后，通过组织团队活动与共同项目，师徒之间可以建立更深层次的相互支持与协作关系。这些活动不仅为师徒提供了共同面对挑战和解决问题的机会，还能增强师徒关系的凝聚力与持久性。在共同项目中，学徒可以在实际工作环境中应用所学知识，而导师则可以为学徒提供实时指导与反馈。这种合作方式有助于培养学徒的实际工作能力，同时也能加强师徒之间的情感纽带，使师徒关系更加牢固和长久。

（二）师徒关系维护方法

1. 定期组织师徒交流活动

师徒交流活动可以在非正式的环境中进行，如工作坊、聚餐或户外活动。

这种非正式的互动有助于建立信任和亲密关系，使学徒能够在轻松的氛围中与师傅交流，分享学习中的困惑与收获。同时，师傅也能通过这些活动更深入地了解学徒的需求和进步，从而调整教学策略。这种互动不仅增进了双方的理解，还为建立长期的合作关系奠定了基础。

2．设立师徒互评机制

通过互评，学徒可以对师傅的指导方式提出建议，而师傅也能对学徒的学习态度与成果进行评价。这种机制鼓励双方在开放和尊重的环境中交流意见，增进彼此的理解与尊重。互评不仅帮助学徒更好地理解自身的不足和改进的方向，也促使师傅不断反思和提升自己的指导能力。通过这种良性互动，师徒关系得以持续发展，双方的合作更加和谐。

3．共同参与项目或任务

师徒在实际工作中合作完成任务，不仅能够让学徒在实践中学习专业技能，还能通过合作解决问题来加深彼此的信任与依赖。在项目推进过程中，学徒能感受到师傅的指导价值，而师傅也能看到学徒的成长与潜力。这种实践中的合作为师徒关系注入了新的活力，使得双方在共同的目标下建立更深厚的联系。

4．建立师徒关系的正式协议

通过协议，师徒双方可以清晰地了解彼此的角色、责任和期望，这为师徒关系的规范化和长效性提供了保障。正式协议不仅帮助双方在合作中减少误解和冲突，还为师傅和学徒提供了一个明确的合作框架，使得师徒关系在现代学徒制中更加稳固和持久。

第三章　现代学徒制的实施策略

第一节　现代学徒制的招生

一、现代学徒制的招生方案设计

（一）招生目标设定

1. 明确招生人数和专业方向

根据市场的实际需求和现代学徒制对人才的具体要求，合理确定招生人数，能够有效地避免资源浪费和人才过剩。同时，选择合适的专业方向，确保培养的人才能够与行业发展趋势相契合，从而提高学徒的就业率和职业发展空间。通过调研和分析市场需求，招生方案可以更具针对性和实效性，为现代学徒制的成功实施奠定基础。

2. 设定招生对象的基本条件

明确的年龄、学历和相关职业背景要求，可以帮助筛选出具有基本素质和潜力的学徒候选人。这不仅有助于提高培训的效率和效果，也能降低培训过程中可能出现的风险和成本。通过设定这些条件，招生方案能够更好地匹配学徒的能力与岗位需求，确保学徒在进入现代学徒制后能够迅速适应学习和工作环境，从而实现个人成长与企业发展双赢。

3. 制定招生宣传策略

利用多渠道传播，包括线上和线下多种方式，可以有效扩大招生信息的覆盖面和影响力。精准的宣传内容和创新的传播手段，能够激发潜在学徒对现代学徒制的兴趣与关注。特别是在新媒体时代，利用社交平台、短视频等新兴媒介进行宣传，能够更好地触达年轻群体，提升招生效果。招生宣传不仅仅是信息的传递，更是现代学徒制形象的塑造与推广。

（二）招生计划制订

招生计划的制订是现代学徒制实施的关键环节，需要在多方面进行细致规划。制定详细的招生时间表是确保招生工作有序进行的重要步骤。这个时间表应包括从宣传、报名、面试到录取的各个阶段。合理安排各阶段的时间，可以有效避免资源和时间的浪费，提高招生效率。此外，明确招生渠道同样至关重要。学校官网、社交媒体以及行业展会等多种途径应被充分利用，以扩大招生信息的传播范围，吸引更多潜在学徒的关注。

在招生宣传方面，设计多样化的宣传材料是吸引不同背景的潜在学徒的有效手段。可以通过制作宣传册、录制视频和举办线上讲座等形式，展示现代学徒制的优势和特点，以激发潜在学徒的兴趣。此外，建立与行业企业合作机制也是制订招生计划的关键一环。通过定期召开行业需求座谈会，学校可以及时了解市场需求变化，从而调整招生计划，以确保招生与市场需求紧密对接。

设定招生评估标准和制定科学的面试与选拔流程，是确保选拔出符合现代学徒制要求的优质学徒的保障。评估标准应涵盖学徒的基本素质、专业能力和发展潜力等方面。科学的面试与选拔流程则需注重多元化的考核方式，结合笔试、面试和实操考核等多种形式，以全面评估学徒的综合能力。通过这些措施，现代学徒制的招生计划不仅能满足当前的教育和市场需求，还能为学徒的长远发展奠定坚实基础。

二、现代学徒制的招生宣传

（一）宣传策略制定

1．确定目标受众

根据不同年龄段和职业背景的潜在学徒，制定个性化的宣传内容，可以显著提高招生的吸引力。现代学徒制的潜在学徒群体多样化，因此需要根据他们的特定需求和兴趣点，设计有针对性的宣传材料。这不仅包括传达现代学徒制的基本信息，还要展示其独特的优势和职业发展前景，帮助潜在学徒更好地理解并选择这一教育模式。

2. 利用多渠道传播

社交媒体、学校官网和行业展会等平台都可以成为有效的宣传途径。社交媒体的即时性和互动性使其成为与年轻受众沟通的理想平台，而学校官网则可以提供详细和权威的信息。此外，行业展会不仅能吸引有意向的学徒，还能吸引对现代学徒制感兴趣的企业和教育机构。通过这些多样化的渠道，招生信息可以更广泛地传播，触达更多潜在学徒，提高招生成功率。

3. 组织线上线下的招生说明会

在说明会上，邀请行业专家和成功的学徒分享他们的经验和见解，可以让潜在学徒更直观地了解现代学徒制的实际运作和收益。这种形式的互动不仅可以解答潜在学徒的疑问，还能通过真实案例展示现代学徒制的价值，激发他们的兴趣和参与意愿。同时，这也是展示现代学徒制与行业紧密联系的良好机会。

（二）宣传渠道选择

在现代学徒制的招生过程中，宣传渠道的选择至关重要。这不仅影响招生信息的传播速度，还直接关系潜在学徒的兴趣和参与度。选择合适的宣传渠道可以有效地提升招生效果，确保信息广泛覆盖和精准传达。通过分析目标受众的特点和习惯，招生宣传应当采用多种渠道相结合的方式，最大化地提高信息的触达率和影响力。

1. 利用社交媒体平台

社交媒体平台因其用户基数大、传播速度快、互动性强而备受人们青睐。通过这些平台发布招生信息，不仅可以吸引年轻受众的注意，还能通过多样化的内容形式，如视频、图文并茂的推送，增加信息的吸引力和受众的参与度。这种方式能够在短时间内获得广泛的关注，尤其是在年轻群体中，更易引发讨论和分享，收到良好的宣传效果。

2. 学校官网

官网作为学校官方信息发布平台，具有权威性和可靠性。在官网上发布详细的招生简章，潜在学徒可以方便地获取所需的详细资料，包括课程设置、师资力量、报名流程等。这种信息获取的便捷性有助于提升潜在学徒的信任感和报名意愿。此外，官网信息的更新和维护也应及时，以确保信息的准确性和时效性。

3. 参加行业展会和职业博览会

参加行业展会和职业博览会为招生宣传提供了一个直接与潜在学徒面对面交流的机会。这种互动性强的宣传方式不仅能够及时解答潜在学徒的疑问，还能通过现场展示和讲解，向潜在学徒直观地传递现代学徒制的优势和特色。面对面的交流有助于增强潜在学徒的信任感和归属感，从而提高招生的吸引力和效果。这种方式尤其适合于那些对职业教育和技能培训有明确需求的群体。

4. 与当地职业院校和社区中心合作

与当地职业院校和社区中心合作开展招生宣讲活动，是扩大招生宣传覆盖面的有效手段。与这些机构合作，可以借助其现有的教育资源和网络，快速触达更多的潜在学徒及其家长。宣讲活动不仅可以详细介绍现代学徒制的特点和优势，还能通过互动环节解答潜在学徒的疑问，消除其顾虑。这种合作方式有助于建立长期的招生渠道，提升招生宣传的整体效果。

三、现代学徒制的学生选拔与录取标准

（一）学生选拔标准

在现代学徒制的实施过程中，学生选拔标准是确保学徒计划成功的关键因素之一。

1. 学生的年龄要求

学生的年龄要求是首要考量因素，确保他们符合现代学徒制的入学规定，这不仅有助于后续的学习与实践，还能确保学生在心理和生理上处于适合接受职业训练的阶段。年龄的设定需要结合行业特性和职业要求，以便为学生提供最佳的学习和成长环境。

2. 学生的学历背景

具备一定的基础教育水平是参与现代学徒制的前提条件，这不仅为学生在

学徒制中的学习和发展提供了必要的基础知识，也为他们在职业技能培训中理解和应用复杂概念打下了坚实的基础。学历背景的要求应根据具体专业的复杂性和技术要求进行调整，以确保学生能够顺利完成学徒制课程。

3. 相关职业背景或兴趣的考量

这种兴趣和背景能够极大地激发学生的学习动力，使他们在学徒制中更加投入和积极。职业兴趣不仅能提高学生的学习效率，还能增强他们在面对挑战时的毅力和韧性，从而提高学徒制的整体成功率。

4. 心理素质评估

现代学徒制常常伴随高强度的学习和实践，学生需要具备良好的学习态度和适应能力，以应对可能出现的多重挑战与压力。心理素质评估旨在筛选出那些能够在压力下保持稳定表现的学生，确保他们在学徒制期间能够高效地学习和成长。

（二）录取流程设计

1. 多元化的面试形式

个人面试、小组讨论和实际操作测试等多种形式的结合，能够全面评估学生的综合素质。个人面试有助于了解学生的个性、动机和职业兴趣，小组讨论可以考查学生的团队协作能力和沟通技巧，而实际操作测试则直接反映出学生的实践能力。这种多维度的评估方式能够更准确地选拔出适合现代学徒制的学生。

2. 录取委员会的建立

委员会应由多位教师和行业专家组成，以便在评估过程中融合学术和行业双重视角。教师可以从教育的角度评估学生的学习能力和潜力，而行业专家则能提供专业领域的见解，确保学生的技能符合行业需求。这样的组合不仅提高了录取决策的科学性，也增加了录取结果的公信力。

3. 分层次的录取标准

根据不同专业的需求设定具体的评分细则，可以使选拔过程更有针对性。

不同专业对学生的能力和素质要求各不相同，因此分层次的标准可以更好地匹配学生与专业需求，确保选拔出的学生能够在所选专业中发挥最大潜力。这种精细化的标准设定，有助于提高录取质量。

4. 录取结果反馈机制的使用

通过反馈机制，未被录取的学生可以了解自身在申请过程中的不足之处，从而在未来的申请中加以改进和提升。这不仅帮助学生在职业生涯早期形成自我反思和改进的意识，也体现了招生过程的人性化和教育功能。录取结果反馈机制有助于提升学生对现代学徒制的认可度和信任感。

四、现代学徒制的企业与学校合作招生

（一）合作招生模式

合作招生模式在现代学徒制中扮演着至关重要的角色。建立校企合作招生协议，明确双方在招生过程中的责任与权益，能够有效地促进资源共享和信息对接。这种模式不仅有助于优化招生流程，还能确保招生信息的准确性和及时性。合作招生协议的建立需要充分考虑双方的长远发展目标和实际需求，以实现双赢。协议中应详细规定招生计划、宣传策略、选拔标准等关键环节，确保双方在实施过程中有章可循。

为了扩大招生信息的传播范围，开展联合招生宣传活动是必不可少的。借助企业的渠道和影响力，可以有效扩大招生宣传的覆盖面和影响力。企业在行业内的声誉和资源优势，使其能够吸引更多潜在学徒的关注。联合招生宣传活动不仅要注重形式上的多样化，还需在内容上突出现代学徒制的优势和特色，以激发潜在学徒的兴趣和参与热情。通过这种形式，学校和企业能更好地展示各自的优势，提升合作招生的效果。

企业参与的选拔流程是合作招生模式中的关键环节。邀请企业代表参与面试和评估，能够确保选拔出的学徒符合行业需求，具备实际工作能力和潜力。这种选拔流程不仅提高了学徒的质量，也增强了企业对合作招生的信心和积极性。在选拔过程中，企业代表可以根据行业标准和岗位要求，对学徒的专业能力、实践经验和综合素质进行全面评估，从而为企业未来的人才储备奠定坚实基础。

（二）招生合作协议

在现代学徒制的实施过程中，招生合作协议是企业与学校合作招生的重要保障。招生合作协议明确校企双方在招生过程中的具体职责，确保招生过程顺利进行。企业与学校需要在协议中详细规定各自的角色和责任，包括招生宣传、面试评估、学徒选拔等环节的分工与合作方式。通过这种明确的职责划分，双方可以提高工作效率，减少由职责不清导致的矛盾和冲突。此外，明确的职责分工也有助于双方在招生过程中更好地发挥各自的优势，实现资源的最优配置。

招生合作协议不仅要明确职责，还需设定具体的招生合作目标和指标。这些目标和指标为校企双方提供了评估合作效果的基础。通过定期评估，双方可以根据实际情况进行反馈调整和优化，以确保合作持续改进。设定清晰的目标和指标有助于双方在合作中保持一致的方向和步调，避免由目标不明确导致的资源浪费和合作偏差。这样一来，双方在招生过程中能够更有效地吸引和选拔合适的学徒，提升现代学徒制的整体质量。

信息共享机制是招生合作协议中的重要内容。双方需要建立一套高效的信息共享机制，以确保能够及时获取招生相关数据和市场需求信息。这种机制的建立有助于双方在招生策略上及时作出准确的调整，以适应市场变化和需求。通过信息共享，企业可以更好地了解到学校的招生进展和学生的基本情况，而学校也能及时获取企业的用人需求和行业动态，从而在招生过程中形成合力，提升招生效果。

招生合作协议需要明确财务分配方案，以保障合作的可持续性。财务分配方案需详细规定各方在招生过程中产生的费用承担和收益分配方式。这不仅涉及直接的经济利益分配，还包括资源的投入和使用。有了合理的财务分配方案，双方才可以在合作中实现利益均衡分配，减少由财务问题导致的合作障碍和纠纷。这样的安排有助于增强双方的合作信任，确保现代学徒制的招生工作能够长期、稳定地开展。

（三）招生资源共享

1. 建立校企资源共享平台

校企资源共享平台不仅促进了学校与企业之间的信息交流，还涵盖了招聘需求、行业动态和技术发展等重要内容。通过这种信息的双向流动，学校能够更好地了解企业的实际需求，从而在招生过程中实现有效对接。这种合作模式不仅提升了招生效率，也为学徒提供了更符合市场需求的学习和发展机会。

2．制定联合课程与实习项目

通过这种合作，学徒在学习过程中可以直接接触到企业的实际操作与最新技术，这不仅增强了招生的吸引力，也提升了学徒的实际价值。联合课程的设计应紧密围绕行业需求，确保学徒在学习理论的同时能够获得实践经验。这种理论与实践相结合的方式，不仅提高了学徒的竞争力，也满足了企业对高素质技能人才的需求。

3．建立校企联合评估机制

通过定期收集企业对学徒的反馈与评价，学校可以调整选拔标准，使其更适应行业需求。这种机制不仅确保了招生过程中选拔标准的科学性，也促进了学徒培养质量的提升。通过这种动态评估，校企双方可以不断优化合作模式，确保现代学徒制在实施过程中能够持续满足市场的变化与需求。

第二节　现代学徒制实习实训与岗位锻炼的安排

一、现代学徒制实习实训计划制订

（一）实习目标设定

在现代学徒制的实施过程中，实习目标的设定是至关重要的。实习目标不仅要明确，还需与学徒所学专业紧密结合，以确保实践经验的相关性和有效性。通过这样的结合，学徒能够将理论知识应用于实际工作中，从而加深对专业知识的理解。设定明确的实习目标能够帮助学徒在实习过程中有明确的方向和动力，促进他们在实践中不断学习和成长。

在设定实习目标时，必须明确学徒在实习期间应掌握的具体技能和知识点。这些技能和知识点应当与学徒的专业学习内容相匹配，以确保实习目标明确且有针对性。只有如此，学徒才能在实习中有针对性地提升自身能力，为未来的职业发展奠定坚实的基础。同时，明确的技能和知识点要求也有助于企业在指导学徒时提供更为具体和有效的指导。

为了有效地评估学徒在实习过程中的表现，制定实习成果评估标准是必不可少的。通过量化的评估标准，企业能够客观地对学徒的学习效果进行评估。这不仅有助于学徒了解自己的进步和不足，也为企业和教育机构提供了改进实习计划的依据。评估标准应涵盖学徒的技能掌握情况、工作态度、团队合作能力等多个方面，以全面反映学徒的实习表现。

实习安排应当提供多样化的实践机会，涵盖不同的工作场景和任务。这种多样化的安排能够帮助学徒适应不同的工作环境，锻炼其灵活应对各种挑战的能力。通过在不同场景中的实践，学徒不仅可以提升专业技能，还能培养解决问题的能力和创新思维，为其未来的职业发展创造更多可能性。

（二）实训内容设计

实训内容设计是现代学徒制实施过程中的关键环节，直接影响学徒职业技能的提升。实训课程应围绕学徒的专业技能设计，确保学徒在实训中能够掌握与其职业相关的核心技能。这不仅要求课程内容具有专业性，还需考虑到行业发展的动态变化，使学徒所学技能具有前瞻性和实用性。课程设计者应深入了解相关职业领域的最新技术和方法，确保实训内容的时效性和实用性，以满足企业和行业的需求。

在实训中，团队合作项目的设置至关重要。这类项目不仅能培养学徒的沟通能力和协作精神，还能增强其在工作环境中的适应性。通过参与团队项目，学徒能够感受到实际工作中团队合作的重要性，学习如何与他人有效沟通和协作，解决实际问题。这种能力的培养对于学徒未来在职场中的发展具有重要意义，能够帮助他们更好地融入团队，提高工作效率和质量。

在实训过程中，模拟工作环境的设置是提升学徒实际操作能力的重要手段。通过在接近真实工作的场景中进行实践，学徒能够将理论知识与实际操作相结合，加深对职业技能的理解和掌握。模拟环境不仅能提高学徒的动手能力，还能增强他们面对真实工作场景的信心和应对能力。这种实践经验的积累，有助于学徒在进入职场后更快地适应工作岗位的要求。

（三）实习时间安排

在现代学徒制中，实习时间安排是确保学徒有效地将理论知识与实践技能相结合的重要环节。

其一，实习时间应根据学徒的学习进度和课程安排进行灵活调整。这样的安排不仅有助于学徒在实践中深化理解所学理论，还能使学徒在不同的学习阶段获得相应的实践经验。为了实现这一目标，设定实习的阶段性目标尤为关键。每个阶段的目标应明确具体，涵盖必要的学习内容和技能掌握要求。这种设定能够为后续的评估和反馈奠定基础，确保学徒在每个阶段都能达到预期的学习成果。

其二，制定一份详细的实习时间表是实施有效实习计划的关键步骤。合理安排实习的频率和时长，能够确保学徒在规定时间内完成必要的实践任务。时间表的制定需要综合考虑学徒的学习负荷和企业的生产节奏，以实现理论学习与实践操作的最佳结合。在实习期间，定期安排进度检查和反馈会议是确保实习计划顺利进行的重要措施。这些会议为学徒提供了反思和调整学习计划的机会，从而不断提升实习效果。

其三，实习时间安排不仅要满足学徒的学习需求，还需与企业的实际工作需求相匹配。这种匹配能够增强学徒的实践经验和职业适应能力，使他们在实习过程中更好地融入企业环境，理解行业运作模式。这样一来，学徒不仅能够提高自身的实践技能，还能培养出色的职业素养，为未来的职业发展奠定坚实的基础。合理的实习时间安排是现代学徒制成功实施的重要保障，它不仅影响学徒的学习效果，也对企业的生产效率和人才培养质量产生深远影响。

二、现代学徒制岗位锻炼的时间安排与阶段划分

（一）岗位锻炼的阶段性目标设定

在现代学徒制的实施过程中，岗位锻炼的阶段性目标设定至关重要。这一过程不仅涉及技能的传授，还包括学徒职业素养的全面提升。明确岗位锻炼的技能掌握要求是首要任务。通过设定具体的技能掌握目标，学徒能够在不同的阶段逐步提升其专业技能和实际操作能力。这一设定不仅有助于学徒明确自身的学习方向，也为企业提供了明确的培养指导框架，从而确保学徒能够在实践中获得最大限度的成长和进步。

时间节点的设定是岗位锻炼不可或缺的一部分，合理的时间安排可以确保学徒在规定时间内完成特定的任务与项目，能够有效促进学习效果的及时反馈。

时间节点不仅帮助学徒掌握了时间管理的技能，也为其提供了一个阶段性检验自身学习成果的机会。这种安排促使学徒在实践中不断反思和总结，从而提高自身的学习效率和效果，为其未来的职业发展奠定坚实的基础。

制定阶段性评估标准是确保学徒在岗位锻炼中不断进步的重要手段。通过定期评估，企业能够及时了解学徒在岗位锻炼中的表现，从而在必要时调整学习计划和目标。阶段性评估不仅是对学徒学习成果的检验，也是对其学习过程的监督。这有助于发现学徒在学习中存在的问题，并通过适当的调整和指导，帮助学徒克服困难，确保其在岗位锻炼中获得持续的进步和发展。

（二）岗位轮换的安排与管理

在现代学徒制的实施过程中，岗位轮换的安排与管理是一个关键环节。岗位轮换的设计应当紧密围绕学徒的专业发展需求展开。科学合理的岗位轮换设计可以使学徒在不同的工作环境中积累丰富的经验，这不仅有助于深化他们对各个岗位的理解，还能提升他们的适应能力。不同岗位的工作内容和要求各不相同，合理的岗位轮换安排可以帮助学徒在多样化的工作任务中锤炼技能，形成全面的职业素养。

在安排岗位轮换时，设定明确的时间框架是至关重要的。时间框架的设定有助于学徒在规定的时间内专注于掌握每个岗位的核心技能和工作流程。这样，学徒可以在有限的时间内高效学习，避免因时间不当而学习效率低下。此外，明确的时间框架也有助于企业在整个学徒制实施过程中合理配置资源，确保每个岗位都有足够的人力支持。

岗位轮换的管理需建立定期评估与反馈机制，这样的机制可以保证学徒在不同岗位上得到及时的指导与支持。通过定期评估，企业和学徒双方可以了解当前的学习效果，并根据评估结果进行相应的调整和改进。反馈机制为学徒提供了一个与导师沟通的平台，帮助他们在工作中发现问题、解决问题，从而不断提升他们的职业技能。

此外，建立完善的岗位轮换记录系统也是岗位轮换管理的重要组成部分。通过记录学徒在各个岗位的学习进度和技能提升情况，企业可以为学徒的后续职业发展提供数据支持和参考依据。这些记录不仅有助于学徒自身的职业规划，也为企业未来的人才培养和管理决策提供了宝贵的参考信息。通过科学的管理和记录，现代学徒制的实施将更加高效和有针对性。

三、现代学徒制岗位锻炼的安全保障

(一) 安全培训内容

安全培训是现代学徒制实施过程中至关重要的一环，其内容应涵盖多个方面，以确保学徒在岗位锻炼中能够识别和应对潜在的安全风险。培训内容通常包括工作环境的安全规程、设备操作的安全规范以及化学品和其他危险物质的处理方法。此外，培训内容还需涉及职业健康与安全法律法规，使学徒了解其在工作场所的权利和责任。通过系统的安全培训，学徒可以在实践中更自信地应用所学知识，减少事故发生的可能性。

安全培训的基本原则是预防为主，强调通过教育和培训提高学徒的安全意识和操作技能。其重要性不仅体现在保护学徒的生命安全和健康上，也体现在维护企业的正常生产秩序与社会的和谐稳定上。安全培训应遵循循序渐进、理论与实践相结合的原则，确保学徒能够在真实的工作环境中有效地应用所学的安全知识。通过持续的安全教育，学徒能够更好地理解和遵守安全规程，减少人为失误导致的事故。

在现代学徒制的岗位锻炼中，识别和防范常见的安全隐患是确保安全的重要步骤。学徒需要掌握识别机械故障、电气安全隐患以及工作环境中存在的潜在危险因素的技能。防范措施包括定期检查设备、遵循操作规程及保持工作区域的清洁和有序。通过案例分析，学徒可以学习如何在实际工作中识别和应对这些隐患，从而提高自身的安全意识和应对能力。

个人防护装备的正确使用与维护是保障学徒在岗位锻炼中安全的重要手段。学徒需要了解各种防护装备的功能、使用方法以及维护保养的基本知识。培训中应强调佩戴个人防护装备的重要性，并通过实际操作指导学徒正确使用，如佩戴安全帽、护目镜和防护手套等。定期检查和维护防护装备，确保其处于良好状态，是防止事故发生的关键。

在紧急情况下，学徒必须具备基本的应急处理能力和逃生技巧。这包括火灾、泄漏、爆炸等突发事件的应对措施。培训应涵盖如何启动报警系统、使用灭火器以及疏散路线的选择与逃生方法。通过模拟演练，学徒能够熟悉应急程序，增强在紧急情况下的反应能力和自我保护意识，从而有效地降低事故带来的损害。

（二）安全责任分配

在现代学徒制的实施过程中，安全责任分配是确保学徒在实习和岗位锻炼中安全的重要环节。首先，各级管理人员在安全管理中承担着重要职责。他们不仅需要进行安全培训，还需负责隐患排查和事故处理等具体任务。安全培训的有效开展可以增强全员的安全意识，而隐患排查则是预防事故发生的关键步骤，事故处理能力则是确保在突发事件中能够迅速恢复正常运作的保障。

其次，企业与学校在现代学徒制中的安全责任需要明确分工，以确保双方在安全管理中各司其职，形成有效的协作机制。企业通常负责提供安全的工作环境和必要的安全设施，而学校则负责对学徒进行安全教育和培训。这种分工不仅能够提高安全管理的效率，还能够通过双方协作形成一个全方位的安全管理体系，从而更好地保障学徒的安全。

再次，建立安全责任追究制度是强化安全意识的重要手段。对由安全管理不善导致事故的相关责任人进行相应的处罚，可以有效地提高全员的安全意识和责任感。这种制度能够促使每个参与者更加重视安全管理，降低安全事故的发生概率。

最后，定期组织安全责任落实情况的检查与评估，是确保安全责任有效执行的重要措施。进行检查与评估，可以及时发现安全管理中存在的问题，并进行相应的调整。这样的动态管理能够适应不断变化的工作环境，确保安全管理措施的有效性和实用性，从而为学徒提供安全的实习和锻炼环境。

（三）应急预案制定

1. 制定全面的应急预案

应急预案需要涵盖各类可能的安全事故及其应对措施，以便在紧急情况下能够迅速有效地进行处理。每个参与者，无论是学徒还是指导教师，都需要熟悉这些预案，了解应急响应流程。这不仅有助于在事故发生时减少混乱，还能在一定程度上降低事故的严重性。系统化的应急预案促进现代学徒制的安全保障体系更加完善，能够确保学徒在岗位锻炼期间的安全。

2. 建立高效的应急响应小组

应急响应小组的成员需要明确各自的职责和分工，以便在紧急情况下能够迅速有效地进行处理。每个成员都需要接受专业的培训，掌握必要的应急处理技能和知识。这样安排可以确保在发生事故时，能够有条不紊地进行应对，最大限度地减少人员伤亡和财产损失。应急响应小组的存在，为现代学徒制的实施提供了重要的安全保障。

3．定期组织应急演练

通过模拟各种突发事件，参与者可以在实践中锻炼自己的应急处理技巧。这种演练不仅可以检验应急预案的有效性，还可以帮助其发现预案中的不足之处，从而及时进行调整和优化。通过不断演练，学徒和教师都可以在面对真实的紧急情况时表现得更加从容和有效，进一步提高现代学徒制的安全水平。

4．设立应急通信机制

在发生事故时，能够及时通知相关人员和机构，是应急处理成功的关键。应急通信机制需要确保信息传递的速度和准确性，避免由信息滞后或错误导致的处理不当。通过现代化的通信手段，如短信、即时通信软件等，确保信息能够在第一时间传达到位，为应急处理争取宝贵的时间。

5．建立事故报告和评估机制

每次应急事件后，进行总结和分析是非常重要的。对事件进行回顾，可以发现应急预案中的不足之处，并进行相应的改进。这样的机制不仅有助于不断优化应急预案，还能提升学徒和教师的安全意识和应急能力。通过持续的改进，现代学徒制的安全保障体系将更加完善，为学徒岗位锻炼提供坚实的安全保障。

四、现代学徒制实习实训与岗位锻炼的考核与认证

（一）考核标准的制定

考核标准的制定在现代学徒制中扮演着至关重要的角色。它不仅在学徒实习实训中为学徒指明了学习方向，还为企业和教育机构提供了评估学徒能力的客观依据。考核标准应根据学徒在实习实训过程中所需掌握的核心技能和知识点进行细化，确保评估的针对性和有效性。通过明确的标准，学徒能够清晰了解自身需要达到的技能水平，从而更有针对性地进行学习和实践。这种细化的

考核标准能够有效地推动学徒在实习过程中不断进步，最终获得预期的职业能力。

在制定考核标准时，需涵盖学徒的工作态度、团队合作能力和职业素养等多个维度，以全面评估其在实际工作中的表现。这种多维度的评估方法不仅关注学徒的技术能力，还重视其在职场中的综合表现。工作态度反映了学徒对工作的热情和责任心，而团队合作能力则体现了其与他人协作的能力和沟通技巧。职业素养则是对学徒职业道德和职业行为的综合评价。这些维度的全面覆盖，确保了考核标准能够全面反映学徒的综合素质。

考核标准的设定需包括明确的量化指标，以便于对学徒的技能掌握程度进行客观评估，确保考核结果的公正性。量化指标的引入，使得考核过程更加透明和具有可操作性，减少了主观因素的干扰。通过量化指标，评估者能够更精确地衡量学徒对特定技能的掌握程度，这不仅提高了考核的客观性，也为学徒提供了清晰的学习目标和反馈依据。量化指标的应用使得考核结果更具说服力和参考价值。

考核标准应包括定期反馈机制，促进学徒在学习和实践过程中及时获得指导与改进建议，以提升其职业能力。反馈机制是考核标准不可或缺的一部分。通过定期反馈，学徒可以了解自身在实习中的优势和不足，并在导师的指导下有针对性地进行改进。这种动态的反馈机制不仅有助于学徒的个人成长，也为企业和教育机构在培养学徒过程中提供了持续改进的依据。通过反馈，学徒能够在实践中不断提升自己的职业能力，最终实现个人和职业的双重发展。

（二）认证流程的设计

认证流程的设计在现代学徒制中至关重要，它不仅是对学徒掌握技能和知识的检验，也是对整个学徒制实施效果的评估。设计认证流程需要考虑多个因素，以确保其科学性和有效性。

首先，认证流程应当包括清晰的步骤，从申请到结果反馈，每个环节都需有明确的操作指南。这样可以帮助学徒和企业更好地理解和参与认证过程，提升整体的透明度和效率。此外，流程的设计还需考虑到学徒的多样性和行业的特殊性，以便提供更有针对性的评估。

其次，制定明确的认证标准是认证流程设计的核心。标准的制定必须确保学徒在实习实训过程中所需掌握的技能和知识点具有可操作性和可评估性。这意味着标准不仅要符合行业的实际需求，还需具备一定的前瞻性，以适应未来的发展变化。为了实现这一目标，标准的制定需要结合行业专家的意见，确保其专业性和实用性。同时，标准的明确也有助于指导学徒的学习和训练，为他们提供清晰的目标和方向。

再次，建立认证评估小组是确保认证过程专业性和公正性的关键。评估小组应由行业专家和教育工作者组成，以便从不同的角度对学徒进行全面的评估。行业专家可以提供技术和实践方面的指导，而教育工作者则可以从教学和学习的角度进行评估，确保认证过程的全面性和客观性。此外，评估小组的多元化还可以促进不同观点的交流和碰撞，进一步提升认证的质量和公正性。

最后，设计认证流程的各个环节是提升认证透明度和效率的重要手段。申请、审核、评估和结果反馈等环节需要有明确的时间节点和操作规范，以便各方能够按照既定的流程进行操作。这样的设计不仅可以提高认证的效率，还可以减少不必要的误解和争议。此外，清晰的流程设计也有助于提升学徒和企业对认证体系的信任度，从而更积极地参与到学徒制的实施中。

（三）认证结果的应用

认证结果在现代学徒制中扮演着至关重要的角色。它不仅是对学徒在实习实训期间学习成果的客观评估，同时也是学徒职业发展的重要依据。认证结果为学徒提供了明确的职业发展方向和目标，这对学徒制订个人职业规划至关重要。通过认证，学徒能够清晰地了解自身在职业技能和知识掌握上的优势与不足，从而在职业生涯中更有针对性地提升自我。这种清晰的职业发展路径，帮助学徒在职业生涯早期阶段就能设定合理的目标和期望，确保其职业发展更加顺利。

在就业市场中，认证结果的影响力不容小觑。企业在招聘时，通常会优先考虑持有相关认证的学徒，因为这些认证不仅是对学徒技能水平的认可，也是对其学习态度和能力的肯定。认证结果直接提高了学徒的就业竞争力，使他们在激烈的求职过程中占据优势地位。特别是在竞争激烈的行业，持有认证的学徒往往能获得更多的面试机会和更高的起薪，这提高了其就业率和就业质量。

认证结果不仅在求职阶段发挥作用，还在学徒的职业发展过程中持续产生影响。在企业考虑员工内部晋升和岗位调动时，认证结果是一个重要的参考依据。通过认证结果，企业能够更准确地评估学徒的能力与潜力，从而做出更有利于企业发展的人员决策。这种基于认证结果的评估机制，促使学徒在工作中不断提升自我，以达到企业的期望和标准，实现个人与企业的双赢。

此外，认证结果为学徒提供了持续学习和进一步深造的基础。持有认证的学徒往往更有动力和信心在职业生涯中不断提升自身技能与知识水平。认证不仅是对过去学习成果的认可，也是对未来学习能力的激励。学徒可以通过认证结果选择适合自己的继续教育课程或专业培训项目，从而在职业生涯中不断突破自我，适应快速变化的行业需求。这种持续学习的态度不仅有助于学徒个人发展，也为企业和行业的创新与进步提供了源源不断的人才支持。

第三节　现代学徒制的激励机制构建

一、现代学徒制的学生激励措施

（一）实习补贴与奖励制度

实习补贴与奖励制度在现代学徒制中扮演着至关重要的角色。设定合理的实习补贴标准，确保补贴金额与学徒的实际工作量和贡献相匹配，是激励学徒积极参与实习的有效手段。有了合理的补贴制度，学生不仅能够获得经济上的支持，还能感受到自身劳动的价值和意义。这种经济激励机制在一定程度上可以减少学徒在实习过程中的经济压力，使他们能够更专注于技能的提升和职业素养的培养。

建立奖励制度，针对表现优秀的学徒给予额外奖励，如奖金、证书或实习推荐，是提升学徒学习动力的有效措施。奖励制度不仅使学徒的优异表现得到认可和鼓励，还能为他们的职业发展提供实质性的支持。通过这种制度，学徒不仅能够获得短期的经济奖励，还能在长期的职业生涯中受益。奖励制度的多样化设计可以满足不同学徒的需求，激发他们的学习热情和职业追求。

实习补贴的透明化管理是提升补贴制度信任度的重要措施。定期向学徒公布补贴发放的依据和流程，可以有效避免由信息不对称导致的误解和不满。透明化管理不仅能够提升学徒对补贴制度的信任度，还能促进学徒对制度的理解和支持。此外，透明的管理流程也有助于学校和企业在执行补贴制度时规范化操作，确保补贴发放的公平性和准确性。

鼓励企业为实习补贴提供资金支持，通过校企合作，共同承担学徒的实习补贴费用，是促进资源共享的重要途径。企业的参与不仅能够缓解学校在资金方面的压力，还能增强企业对学徒培养的责任感和参与度。通过校企合作，企业可以根据自身的实际需求调整补贴标准和奖励机制，从而更好地实现学徒培养与企业发展的双赢。

定期评估实习补贴与奖励制度的效果，通过学徒反馈和就业率数据优化补贴标准和奖励机制，确保其持续有效，是现代学徒制激励机制构建的重要环节。在评估过程中，不仅能够发现制度实施中存在的问题，还能够为制度的改进提供科学依据。通过不断的评估与优化，实习补贴与奖励制度可以更好地适应学徒和企业的需求，促进现代学徒制健康发展。

（二）学习环境优化

优化学习环境是现代学徒制实施过程中的关键环节。首先，优化学习空间布局，旨在创造开放和灵活的学习环境，以适应不同的教学活动和学习方式。这种空间设计不仅关注物理布局，还强调心理上的开放性和包容性。灵活的空间安排，可以有效支持小组讨论、个人独立学习以及实践操作等多种教学模式的转换。这种环境的多样性和灵活性有助于激发学徒的创造力和学习积极性，从而提升整体的学习效果。

其次，引入现代化的教学设备和技术工具是提升学徒学习体验和实践能力的重要措施。现代化设备的使用可以确保教学内容的有效传递，使学徒能够更直观地理解复杂的概念和技能。例如，应用虚拟现实技术可以模拟真实的工作场景，让学徒在安全的环境中进行实践操作。此外，在线学习平台和互动软件的引入也为学徒提供了更多的学习途径和工具，帮助他们随时随地进行学习和复习。

再次，提供丰富的学习资源是支持学徒自主学习和探索的基础。在线课程、图书馆和实训基地等资源的整合，为学徒提供了多样化的学习选择。通过在线课程，学徒可以根据自己的学习进度和兴趣选择适合的内容进行学习；图书馆和实训基地则为学徒提供了丰富的参考资料和实践机会，帮助他们将理论知识与实际操作相结合，进一步深化学习效果。

最后，营造积极的学习氛围是促进学徒共同成长的关键。团队活动和合作项目可以增强学徒之间的交流与合作。这种合作不仅有助于学徒之间知识共享和互助学习，还能培养他们的团队协作能力和领导力。在团队活动中，学徒可以通过角色扮演和任务分工锻炼自己的组织能力和沟通技巧，从而在未来的职业生涯中更好地适应团队工作环境。

二、现代学徒制的教师激励措施

（一）教师绩效评估

教师绩效评估在现代学徒制中扮演着至关重要的角色，其核心在于通过系统的评估，确保教师在教学过程中有效地促进学徒的学习与发展。教师绩效评估应基于教学效果，着重考察教师在现代学徒制实施中的实际教学成果与学徒学习成效的关系。这一过程不仅仅关注教师传授知识的能力，更关注其在教学过程中如何激发学徒的学习兴趣和动力，以及如何帮助学徒将理论知识应用于实际操作中。绩效评估能够更全面地衡量教师在学徒制教育中的贡献，从而为学徒提供更优质的学习体验。

在评估过程中，教师的课堂管理能力也是一个重要的考量因素。课堂管理能力不仅包括维持课堂秩序，还包括教师在教学过程中对学徒的引导和支持水平。现代学徒制要求教师能够灵活调整教学策略，以适应不同学徒的学习需求和节奏。因此，评估中应关注教师如何利用课堂管理技巧，创造有利于学徒积极参与和互动的学习环境。这不仅能提高学徒的学习效果，还能增强他们在实际工作中的适应能力和创造力。

此外，教师的专业发展与继续教育参与情况同样应纳入绩效评估的范畴。随着社会和技术的不断进步，教师需要不断更新自身的知识与技能，以保持其教学内容的前沿性和实用性。将继续教育和专业发展纳入绩效评估，可以激励教师主动参与各种培训和研讨活动，提升他们的教学能力和专业素养。这不仅有助于提高教师的个人职业素质，也能为提升现代学徒制的整体质量提供有力支持。

在团队合作与跨学科协作能力方面，评估应关注教师在现代学徒制团队中的贡献与协作效果。现代学徒制的实施往往需要多个学科和领域合作，因此教师的协作能力显得尤为重要。评估教师在团队中的表现，可以了解其在不同学科间的融合能力以及在团队中如何发挥自身专业特长，促进整体教学质量的提升。这种跨学科的协作不仅能丰富学徒的学习内容，还能为其提供更广阔的视野和更多元的学习体验。

（二）教学成果奖励

在现代学徒制的实施过程中，教学成果奖励是激励教师提升教学质量的重要手段。设立年度教学成果奖可以有效地激励在现代学徒制中表现突出的教师。这种奖励机制不仅能够提高教师的教学积极性，还能促进他们在教学方法和内容上进行创新。通过年度教学成果奖，教师能够获得社会和职业上的认可，从而更愿意投入精力去探索新的教学策略，以适应学徒制的要求。

根据学徒的学习成果和就业率，为教师提供相应的奖金或物质奖励，是鼓励教师关注学徒职业发展的有效途径。这样的激励措施能够促使教师更加关注学徒在实际工作中的表现，并调整教学方法以提高学徒的职业技能和就业竞争力。教师在帮助学徒实现职业目标的过程中，也能获得成就感和职业满足感，从而进一步提升教学质量。

建立教学成果展示平台并定期举办教学成果交流会，是表彰在现代学徒制中取得显著成效的教师的重要方式。通过这样的平台，教师能够分享各自在教学实践中的成功经验和创新方法，促进同行之间的学习和合作。这不仅有助于提升教师的专业能力，还能推动整个教育团队在现代学徒制实施中整体进步。

设立教师职业发展基金，支持教师参与国内外学术交流和专业培训，是奖励在教学改革中有突出贡献教师的有效措施。通过职业发展基金，教师可以获得更多的学习和成长机会，提升自身的专业素养和教学能力。这种支持机制不仅能激励教师在现代学徒制中进行创新和改革，还能为他们提供更广阔的职业发展平台。

引入同行评审机制，对教师在现代学徒制中的创新教学实践进行评估，是提升教师职业认同感的重要手段。通过同行评审，教师的教学成果和创新实践能够得到专业的认可和评价，优秀教师可以获得荣誉称号和证书。这种荣誉不仅能够增强教师的职业自豪感，还能激励其他教师在教学实践中追求卓越，推动现代学徒制的持续发展和完善。

三、现代学徒制的企业激励措施

（一）企业参与实习指导的激励机制

企业在现代学徒制中的参与程度对学徒的学习效果和职业发展具有重要影响。为了激励企业积极参与实习指导，可以设立专门的奖励机制。为了鼓励企业为参与实习指导的员工提供额外的经济奖励或职业发展机会，可以设立实习指导教师的奖励机制。这不仅能够提升企业员工的参与积极性，还能增强他们对学徒培养的责任感和投入度。通过这样的机制，企业员工在实习指导过程中获得的回报将不仅仅是经济上的，更包括职业发展的长远利益。

建立企业与学校之间的合作协议也是激励企业参与实习指导的重要手段。合作协议应明确企业在实习指导中的角色和责任，确保企业在实习过程中能够得到相应的支持和认可。这种协议不仅有助于规范企业与学校的合作关系，还能促使企业在实习指导中发挥更积极的作用。这样，企业在参与学徒培养的过程中能够感受到来自学校和社会的认可，从而增强其参与的动力和责任感。

此外，评估企业参与实习指导的效果，并定期向企业反馈学徒的学习成果和职业发展情况，可以进一步增强企业对实习指导的重视和投入。反馈机制的建立有助于企业了解其在学徒培养中的实际贡献，并根据反馈信息不断改进其指导方式。这种双向沟通不仅提升了企业参与的积极性，也促进了学徒在实习中的学习效果和职业成长。

鼓励企业为实习指导教师提供专业培训和发展机会，是提升教师指导能力和专业素养的有效途径。通过提供专业培训，企业能够帮助指导教师掌握最新的行业知识和教学方法，从而提高学徒在实习中的学习效果。这样的发展机会不仅能提升指导教师的个人能力，还能为企业培养出更高质量的人才，为企业的长远发展奠定坚实的基础。

（二）企业提供实训资源的激励政策

企业提供实训资源的激励政策在现代学徒制中扮演着至关重要的角色。企业应设立专项资金，用于购买或更新实训设备，以确保学徒能够接触到最新的行业技术和标准。这不仅能够提升学徒的实践技能，还能使企业在激烈的市场竞争中保持技术领先地位。通过不断更新设备，企业可以为学徒提供与时俱进的学习环境，使其在学习过程中直接接触到行业前沿技术，从而培养出符合现代工业需求的高素质人才。这样的政策也有助于提升企业的社会责任形象，吸引更多优秀学徒加入。

企业可以通过提供实训场地和设施，减轻学校的资源压力，改善实训的实际操作环境和提升学徒的学习效果。在现代学徒制框架下，实训场地的质量直接影响学徒的学习体验和技能掌握。企业提供优质的实训设施，不仅能够提高学徒的动手能力和实际操作水平，还能让学校将更多的精力放在教学质量的提升上。整合企业与学校的资源，双方可以实现共赢，企业在培养人才的过程中也能获得更多的创新思路和技术支持。

企业应鼓励学徒参与实训课程的开发与设计，结合实际工作需求，提高课程的针对性和实用性。学徒参与课程开发，能够将其工作经验和行业需求融入课程设计中，使学徒在学习过程中更贴近实际工作场景。这种方法不仅提高了课程的实用性，也增强了学徒的职业责任感和参与感。通过这种方式，企业可以确保学徒在完成学业后能够迅速适应工作岗位，减少企业的培训成本，提高生产效率。

（三）企业合作项目支持的奖励措施

企业合作项目支持的奖励措施在现代学徒制中起着至关重要的作用。企业设立专项奖励基金，能够有效激励学徒在实习期间展现积极性和创造力。这不仅提升了学徒在实际工作中的参与度，还促进了他们的职业技能发展。通过奖励机制，企业可以明确传达对学徒表现的期望，激励学徒在工作中不断追求卓越，同时也为企业自身培养了一批具有高素质和实践能力的潜在员工。这种双赢局面为企业和学徒的共同成长奠定了坚实的基础。

企业与学校联合举办技能大赛，为学徒提供了展示自身能力的舞台。通过技能大赛，企业不仅可以识别和奖励表现优异的学徒，还可以为他们提供实习机会或职业推荐，增强学徒的职业发展前景。这不仅提升了学徒的自信心，也为企业注入了新的动力。技能大赛作为一种激励手段，不仅能够激发学徒的学习热情，还能促进企业与学校之间深度合作，形成良性循环，有效地推动现代学徒制的实施。

企业在合作项目中，应注重为参与的员工提供培训机会。这些培训不仅可以提升员工的指导能力，也使他们在项目中能够更有效地支持学徒的学习与成长。通过培训，员工能够掌握最新的指导方法和工具，更好地理解学徒的需求，从而为学徒提供更有针对性的指导。这种员工培训机制不仅有助于企业内部人才的培养，也为学徒创造了良好的学习环境，促进了学徒全面发展。

第四章　现代学徒制下的学生能力培养与职业发展

第一节　现代学徒制下的学生能力培养

一、现代学徒制下学生创新能力的培养

（一）创新思维的激发

在现代学徒制框架下，激发学生的创新思维是培养其创新能力的关键。创新思维不仅仅是技术知识的积累，更是思维方式的转变。通过设计开放式问题，学生能够被引导去思考多种可能性，从而促进批判性思维和创造性思维的结合。这种开放式问题不仅仅要求学生提供答案，更重要的是鼓励他们提出问题，并探索多种解决方案的可行性。这样，学生在面对复杂问题时能够更自如地运用创新思维，寻找新颖的解决路径。

鼓励学生进行跨学科的思维碰撞与创新实践是现代学徒制的重要组成部分。通过跨学科合作，学生能够接触到不同领域的知识和方法，从而拓宽自身思维的广度和深度。这种跨学科的交流与合作，不仅能够激发学生的好奇心，还能帮助他们在不同的学科视角下进行创新实践，形成综合性的解决方案。通过这种方式，学生的创新能力得到了全方位的提升，他们能够更好地应对未来职业生涯中的诸多挑战。

团队合作在现代学徒制中扮演着重要角色，特别是在培养学生的集体创新能力方面。通过团队合作，学生可以在解决实际问题的过程中，学习如何与他人协作，分享各自的见解和技能。这种集体创新不仅能够提高团队的整体效率，还能培养学生的沟通能力和领导力。在团队中，学生能够体验到多样化的思维方式和创新解决方案的产生过程，从而提升自己的创新能力和合作精神。

创新工作坊是激励学生提出独特解决方案的有效方式，在这种环境中，学生被鼓励去尝试和探索不同的想法，并在实践中验证这些想法的可行性。创新工作坊不仅为学生提供了一个实践创新的空间，还为学生提供了一个展示自己

创意的平台。通过参与创新工作坊，学生能够在真实的情境中锻炼其创新能力，并从中获得成就感和信心。

（二）创新实践的指导

创新实践的指导在现代学徒制中扮演着至关重要的角色。

1．制定明确的创新实践目标

这些目标不仅为学生的实践活动提供了清晰的方向，也为期望成果设定了合理的标准。在明确目标的引导下，学生能够更有针对性地开展创新活动，避免盲目探索带来的资源浪费。现代学徒制强调实践与理论相结合，因此目标的设定应充分考虑学生的知识储备和实践能力，确保其在实践过程中能够不断挑战自我，获得成长。

2．提供多样化的资源支持

现代学徒制强调实践中的自主学习和探索，因此技术工具、材料和专家指导等资源的丰富性直接影响学生创新实践的质量。技术工具的使用可以帮助学生更好地实现创新想法，而材料的多样性则为学生提供了更多的实验可能性；专家指导在学生遇到困难时为学生提供了宝贵的经验和建议，帮助他们克服实践中的障碍。有了这些资源的支持，学生能够在实践中不断尝试和改进，从而提升创新能力。

3．定期举办创新实践评估与反思会议

通过评估，学生可以明确自己在实践中的优点和不足之处，反思会议则为他们提供了一个总结经验教训的机会。这种形式的反馈机制不仅能帮助学生提升后续实践的质量，还能激发他们的自我反思能力。在反思过程中，学生需要认真分析自己的实践过程，识别关键问题，并制订改进计划。这样的反思和改进循环是学生创新能力不断提升的保障。

4．创造包容的环境

创造包容的环境是现代学徒制创新实践成功的关键，在这样的环境中，学生被鼓励大胆尝试，即使犯错也能从中学习。包容的环境让学生感受到支持和理解，减少了对失败的恐惧，培养了他们的创新勇气和适应能力。通过允许学生在实践中犯错并从中学习，现代学徒制不仅提升了学生的创新能力，还增强了他们面对未知挑战的信心。这种环境的营造需要学校、企业和指导教师共同努力，以确保学生在创新实践中获得全面发展。

（三）创新成果的展示与评价

创新成果的展示与评价在现代学徒制中扮演着至关重要的角色。通过多样化的展示形式，如展览、路演和线上平台等，学生的创新成果能够被更广泛的受众所知晓。这种多样性不仅满足了不同群体的需求，还为学生提供了多渠道的反馈机制，帮助他们在真实环境中检验自己的创意和设计。通过这些展示活动，学生不仅能够获得来自观众的即时反馈，还能在与同行和专家的交流中获得新的灵感和思路，从而在创新的道路上不断前进。

评估创新成果的标准应明确且多维度，包括创意性、实用性和可持续性等。明确的评估标准有助于学生在创作过程中有的放矢，确保他们的创新努力能够在实际应用中发挥作用。创意性评估强调突破传统思维的能力，而实用性则关注创新能否在现实中解决问题，可持续性则要求学生考虑创新的长远影响和社会责任。这些标准的设立不仅为学生提供了明确的努力方向，还能引导他们在创新过程中综合考虑多方面因素，提升综合素养。

建立反馈机制是创新成果展示与评价中的关键环节。通过鼓励观众对创新成果进行评价，学生能够获得来自不同视角的意见和建议。这种反馈不仅有助于学生发现自身的不足，还能激励他们进行进一步的改进和发展。反馈机制的有效运作离不开观众的积极参与和提供建设性意见。通过这种互动，学生能够在实践中不断完善自己的作品，并在反思中成长，从而在未来的创新实践中取得更大的进步。

通过展示实践成果，学生的自信心得到极大增强，成就感也随之提升。这种积极的心理体验是激励学生持续探索与创新的重要动力。在展示过程中，学生不仅展示了自己的能力，也向观众传达了他们的创新思维和解决问题的能力。自信心的提升还体现在学生对未来挑战的积极态度上，他们更愿意去尝试新的方法和技术，从而推动自身的职业发展和能力提升。

二、现代学徒制下学生自主学习能力的培养

（一）自主学习意识的激发

自主学习意识的激发是现代学徒制中至关重要的一环。引导学生设定个人

学习目标，可以有效地增强他们对自主学习的认知和责任感。设定明确的目标不仅可以帮助学生明确学习方向，还能让他们在学习过程中不断反思和调整自己的学习策略，以实现更高效的学习。此外，个性化的目标设定使学生能够根据自身的兴趣和职业规划，选择适合自己的学习路径，从而提高学习的针对性和实用性。这种目标导向的学习模式能够促使学生在学徒制环境中更好地掌握知识和技能。

利用自我评估工具是激发学生自主学习动力的另一有效途径。利用这些工具，学生可以识别自身的学习需求与兴趣，从而有针对性地制订学习计划。这种自我评估不仅能帮助学生了解自己的优势和不足，还能促使他们在学习过程中进行自我反思和调整。评估结果能够激励学生主动寻求资源和支持，以弥补自身不足，从而提升学习效果。同时，学生在评估过程中获得的反馈也能增强他们的学习动机和信心，使其更加积极地参与到学习活动中。

开展自主学习的培训课程，教授有效的学习策略和时间管理技巧，是提升学生学习效率的重要措施。通过系统的培训，学生可以掌握科学的学习方法，如如何进行有效的笔记整理、信息筛选和知识整合等。此外，时间管理技巧的培训能够帮助学生合理安排学习时间，避免无效学习和时间浪费。这些策略不仅提升了学生的学习效率，也增强了他们在学徒制环境中的适应能力，使其能够更好地应对复杂的学习任务和职业挑战。

创建学习社区，鼓励学生分享学习经验与资源，是增强学生主动学习意识和合作精神的有效方式。在学习社区中，学生可以互相交流学习心得，分享学习资源，从而拓宽知识面，激发学习兴趣。社区的互动性和共享性能够促使学生在学习过程中不断挑战自我，寻求新的学习目标。同时，合作学习模式也培养了学生的团队合作能力，使其在未来的职业发展中更具竞争力。通过这种集体学习方式，学生不仅提高了自身的学习能力，也为其职业发展奠定了坚实的基础。

（二）自主学习资源的利用

在现代学徒制的背景下，利用自主学习资源成为培养学生自主学习能力的关键环节。在线学习平台，为学生提供了丰富多样的学习资源，其广泛应用使获取最新的行业知识和技能变得更便捷。这些平台不仅涵盖了广泛的课程和培训材料，还提供了互动式的学习体验，帮助学生在学习过程中增强自主学习的深度与广度。通过在线课程和模块，学生能够按照自己的节奏学习，选择适合自己的学习路径，从而提高学习效率和效果。

此外，访问图书馆和数字资源库为学生提供了获取学术资源的途径。通过查阅专业书籍、期刊和研究报告，学生可以接触到最新的学术研究成果和行业动态，进一步提升其学术研究能力。这种资源的利用不仅能够拓宽学生的知识面，还能培养他们的批判性思维和分析能力。在学术资源的支持下，学生可以更好地理解和应用所学知识，为未来的职业发展奠定坚实的基础。

社交媒体和专业网络的兴起，为学生之间的知识分享与合作学习提供了新的平台。通过建立学习小组和讨论社区，学生可以在互助学习的过程中，分享各自的经验和见解，促进知识交流。这种协作学习的方式不仅能够帮助学生加深对学习内容的理解，还能培养他们的团队合作能力和沟通技巧。通过积极参与在线社区，学生能够接触到不同的观点和思维方式，从而拓宽其视野。

引导学生使用各类学习应用和工具，如时间管理软件和学习跟踪应用，是帮助他们有效规划和监控自主学习进度的重要手段。这些工具可以帮助学生合理安排学习时间，设定学习目标，并随时跟踪学习进展。通过对学习过程的自我管理，学生能够更好地掌握学习节奏，提高学习效率。同时，这种自我管理能力的培养也对他们未来的职业生涯管理具有重要意义。通过有效利用自主学习资源，学生能够在现代学徒制的框架下，全面提升自身的学习能力和职业素养。

（三）自主学习效果的评估

1. 建立定期自我评估机制

为了确保学生在自主学习过程中能够有效提升其能力，建立定期自我评估机制显得尤为重要。通过自我评估，学生可以反思自己的学习过程和成果，识别出学习中的成功经验和不足之处。这不仅能帮助学生明确自身的学习目标，还能促使他们主动调整学习策略，从而实现更高效的学习。此外，自我评估还能增强学生的自我管理能力，使其在职业发展中更加自信和独立。

2. 引入同行评审环节

让学生互相评价学习成果，不仅能促进学生之间的交流与合作，还能提供多元化的反馈视角。同行评审有助于学生在对比中发现自身的优缺点，从而激发其改进的动力。此外，这一环节还能培养学生的批判性思维和沟通能力，使其在未来的职业生涯中能够更好地适应团队合作和专业交流。同行评审作为一种互动性较强的评估方式，丰富了自主学习效果评估的手段。

3. 利用量化指标进行系统性评估

在现代学徒制中，学习进度、知识掌握程度和技能应用能力是衡量学生自主学习效果的核心指标。通过对这些量化指标的分析，教育者可以全面地了解学生的学习状态和能力发展情况。这种评估方式不仅能为学生提供具体的学习反馈，还能为教学方法的改进提供数据支持。系统性评估通过对量化数据的分析，使得自主学习效果的评估更具科学性和客观性。

4. 结合导师的专业反馈综合评估

结合导师的专业反馈，综合评估学生的自主学习能力及其对职业发展的影响，是评估体系中不可或缺的一环。导师凭借其丰富的专业经验和对行业发展的深刻理解，能够为学生提供有针对性的指导和建议。在导师的帮助下，学生可以更清晰地认识到自身能力与职业要求之间的差距，从而制订更加合理的学习计划。导师的反馈不仅提升了评估的专业性，还为学生的职业发展提供了宝贵的指导方向。通过综合评估，学生能够更有效地提升自主学习能力，为未来的职业发展奠定坚实的基础。

三、现代学徒制下学生团队合作能力的培养

（一）团队角色分配与协作

1. 明确团队内各成员的角色与责任

每位成员在团队中承担不同的角色，这不仅有助于个人能力的发挥，而且有助于保障团队整体效能的提升。通过合理的角色分配，团队成员能够在各自的领域内进行深度合作，形成合力，推动项目顺利完成。角色的明确化还可以避免由职责不清导致的效率低下和资源浪费，从而为团队的高效运作奠定基础。

2. 团队建设活动

在现代学徒制框架下，参与精心设计的团队建设活动，学生能更好地理解

团队合作的价值。这些活动不仅可以促进成员之间相互了解，还能帮助成员在轻松的氛围中建立信任感。信任是团队合作的基石，只有在信任的基础上，成员之间的沟通才能更加顺畅。通过参与这些活动，团队成员能够更好地适应彼此的工作风格，形成协作精神，从而提高团队的整体协作能力。

3. 制定有效的团队沟通机制

在现代学徒制的实施过程中，制定一套行之有效的沟通机制至关重要。无论是面对面的交流还是通过数字化平台进行沟通，信息的及时传递和反馈能够大大提高团队的决策效率。通过定期会议和讨论，团队可以及时调整策略，应对项目中出现的各种挑战。良好的沟通机制不仅能提高工作效率，还能增强团队成员的参与感和责任感，从而进一步提升团队的协作能力。

（二）团队沟通技巧提升

团队沟通技巧的提升在现代学徒制中扮演着至关重要的角色。通过系统的沟通训练，学徒能够更好地在团队中分享信息，协调任务，并解决冲突。沟通技巧不仅包括语言表达能力，还包括倾听、反馈和非语言交流等多方面的能力。通过培养这些技巧，学生能够在团队中发挥更大的作用，促进团队目标实现。

1. 积极倾听

通过积极倾听，团队成员能够更好地理解彼此的观点和需求，从而有效地避免沟通中的误解与冲突。积极倾听不仅仅是听到对方的话语，更重要的是理解其背后的意图和情感。这种技巧的培养需要学生在实际沟通中不断练习，通过角色扮演和案例分析等方法，帮助他们学习如何在团队中成为优秀的倾听者。

2. 非语言沟通技巧

非语言沟通技巧包括肢体语言和面部表情的运用，是团队沟通中重要的一环。肢体语言和面部表情可以传达出语言无法表达的情感和态度。掌握了这些技巧，学生就能在团队中更好地传达信息，建立信任，并促进团队成员之间的合作。现代学徒制通过实际工作场景中的观察和模仿，帮助学生提高非语言沟通的敏感度和表达能力。

3. 制定清晰的沟通目标与议程

在团队沟通中，明确的目标和议程能够帮助团队成员集中精力，避免无效的讨论和争论。现代学徒制通过模拟真实的工作会议和项目讨论，帮助学生学会如何制定和遵循沟通目标与议程，从而提高团队沟通的效率和效果。

（三）团队冲突管理策略

团队冲突管理策略是现代学徒制框架下培养学生团队合作能力的重要组成部分，有效的冲突管理不仅能提升团队的工作效率，还能促进成员相互信任和理解。建立开放的沟通渠道是管理团队冲突的首要策略。鼓励团队成员在冲突发生时及时表达自己的观点和感受，可以有效地促进彼此的理解和问题的解决。这种开放的沟通环境能够让团队成员感受到尊重和重视，从而更愿意参与团队合作。此外，开放的沟通还能帮助团队识别潜在的冲突，及时采取措施进行干预，避免冲突升级。

在团队内部冲突无法自行解决时，采用中立的第三方调解机制是一种有效的策略。引入外部调解者可以为团队提供一个客观的视角，帮助团队成员找到双方都能接受的解决方案。第三方调解者通常具备专业的调解技能，能够在不偏袒任何一方的情况下，协助团队成员厘清冲突的根源，明确各自的需求和期望。通过这种方式，团队不仅能够有效地解决当前的冲突，还能在调解过程中学会更有效的沟通和合作技巧，为未来的团队合作打下坚实的基础。

组织团队建设活动也是降低冲突发生概率的重要手段。通过非正式的互动，团队成员可以在轻松的环境中增进彼此的了解和信任。这些活动可以是简单的团队游戏，也可以是复杂的团队项目，关键在于通过这些活动增强团队凝聚力和成员间的默契。信任是团队合作的基础，信任的建立能够显著降低误解和冲突发生的概率。通过参与团队建设活动，团队成员可以更好地理解彼此的工作方式和个性特点，从而在正式的工作环境中更有效地协作。

制定明确的冲突解决流程为团队成员提供了一条清晰的路径，帮助他们在冲突中找到合适的解决方案。一个清晰的流程能够减少团队成员在冲突中感到的无助和迷茫，提供明确的步骤和指导，帮助他们理性地处理冲突。这一流程通常包括识别冲突、分析冲突原因、提出解决方案、选择最佳方案和实施解决方案等步骤。通过这种结构化的方法，团队成员能够在冲突中保持冷静，并通过合理的步骤找到解决问题的途径，从而提升团队的整体合作能力。

四、现代学徒制下学生解决问题能力的培养

（一）分析问题能力的构建

在现代学徒制的背景下，培养学生的分析问题能力是其能力发展的关键组成部分。分析问题能力的构建需要通过系统性的问题识别方法，帮助学生清晰界定问题的核心，提升其分析问题的准确性。这一过程强调学生对问题的全面理解和准确把握，要求他们能够识别出问题的本质和关键要素。通过这种方法，学生能够在面对复杂问题时，迅速抓住核心，减少分析过程中的盲目性和偏差，从而提高解决问题的效率和效果。

引导学生运用逻辑推理和数据分析工具，对问题进行深入剖析，是提升其数据驱动决策能力的重要途径。在现代学徒制中，学生不仅需要掌握基础的理论知识，还需要具备将这些知识运用于实际的能力。通过使用逻辑推理，学生可以厘清问题的因果关系，而应用数据分析工具则使他们能够从大量数据中提取有价值的信息，支持决策过程的科学化和合理化。这种能力的培养，使学生在面对复杂多变的职业环境时，能够作出更加明智和精准的决策。

培养学生的批判性思维，是现代学徒制下问题分析能力构建的重要方面。批判性思维的核心在于鼓励学生从多个角度审视问题，识别潜在的假设和偏见。通过这种多元化的思考方式，学生能够挑战传统的思维模式，提出创新性的解决方案。在实践中，批判性思维的培养不仅有助于提升学生的分析能力，还能增强其在团队合作中的贡献度和创新能力。通过不断的质疑和反思，学生能够在职业发展中保持敏锐的洞察力和创新的动力。

（二）解决方案的制定与优化

在现代学徒制的背景下，解决方案的制定与优化是培养学生解决问题能力的关键环节。制定多元化的解决方案，需要学生结合不同的思维方式和技术手段，以应对复杂问题的多样性。这一过程不仅要求学生具备基础的理论知识，还要能够灵活运用创新思维和技术工具，从而在面对不确定性和复杂性的实际问题时，能够快速作出反应并提出有效的解决方案。现代学徒制为学生提供了将实践与理论相结合的机会，使他们在真实的工作环境中锻炼和提升这种能力。

团队协作在解决方案的制定过程中扮演着至关重要的角色。通过集思广益，

团队成员可以分享各自的观点和建议，确保每个成员的意见都能被充分考虑。这种协作不仅能提升方案的全面性，还能通过不同视角的碰撞产生创新的火花。在现代学徒制中，学生被鼓励在团队中积极交流与合作，这种实践经验使他们在未来的职业发展中具备团队合作和沟通的能力，能够更好地适应多变的职场环境。

数据分析工具的运用，为解决方案的效果提供了量化评估的手段。通过对数据的分析，学生可以更清晰地了解方案的有效性和可行性。这种基于数据的决策能力是现代职场中必备的技能之一。在现代学徒制中，学生通过操作实际项目，掌握了数据分析工具的使用技巧，从而能够在未来的职业生涯中，利用数据驱动决策，提升工作效率和决策的科学性。

（三）失败与反思学习

在现代学徒制的教育框架下，失败与反思学习被视为培养学生能力的重要组成部分。通过失败学习，学生能够直面自己在知识和技能上的不足，从而激发学习动力和探索精神。反思则是将失败转化为成长的关键步骤。学生被鼓励在失败后进行深入反思，记录经验教训，形成一种系统性的反思机制。这种机制不仅能帮助学生理解错误的根源，还能促进他们在未来的学习中避免出现类似的失误，从而实现个人的持续成长。反思的过程要求学生具备自我批判的能力，并能够从多个角度审视自身的表现，这对学生的全面发展具有重要意义。

为了支持学生在失败后进行反思，创造安全的学习环境至关重要。在这样的环境中，学生能够感受到来自教师和同伴的支持，增强他们的心理韧性和应对能力。安全的学习环境不仅意味着物理上的安全，还包括心理和情感上的安全感，使学生敢于尝试和冒险。教师在其中扮演着指导者和支持者的角色，帮助学生认识到失败是学习过程的自然组成部分，并不是对其个人能力的否定。通过这样的引导，学生能够更坦然地面对挑战，逐步培养出坚韧的品格和解决问题的能力。

此外，定期组织失败分享会可以有效促进学生之间的经验交流。通过这样的分享会，学生不仅可以从他人的错误中学习，还能借鉴他人的反思方法，丰富自己的思维方式。这一集体反思的过程不仅提升了学生的学习积极性，也增强了团队整体解决问题的能力。在分享会中，学生被鼓励表达自己的失败经验和反思所得，这不仅锻炼了他们的表达能力，还培养了他们的同理心。通过倾听和理解他人的经历，学生能够更好地协作，形成一个互助互信的学习群体，从而在共同进步的过程中提升个人的职业素养和能力。

第二节　现代学徒制下的学生职业发展规划

一、现代学徒制下的学生职业认知与定位

(一) 职业兴趣与目标的识别

1. 职业兴趣测评工具的应用

通过职业兴趣测评工具，学生可以更清晰地了解自身的兴趣领域，这不仅为他们选择职业提供了科学依据，也为其未来职业发展奠定了基础。职业兴趣测评工具通常包括一系列的问卷和测试，旨在帮助学生发现他们在不同职业领域的倾向性。这些工具能够揭示学生在艺术、科学、技术等领域的潜在兴趣，从而指导他们选择适合的职业方向。此外，职业兴趣测评的结果还可以帮助学生识别出他们的强项和弱项，从而制订更为有效的学习和发展计划。

2. 自我反思

学生通过回顾过去的经历和活动，分析哪些方面最能激发他们的热情与兴趣，从而可以更好地理解自身的职业倾向。自我反思不仅仅是简单的回顾，更是通过对过往经历的深入分析，识别出哪些活动让他们获得最多的成就感和满足感。这一反思过程可以帮助学生更清楚地认识到自己的价值观和职业动机，从而为未来的职业规划指引方向。在现代学徒制的框架下，学校和企业可以共同支持学生进行这种反思，提供必要的资源和指导。

3. 开展职业探索活动

通过组织行业讲座和职业访谈，学生可以接触到不同的职业领域和行业的专家，了解各种职业的实际工作内容和职业发展路径。这些活动不仅可以拓宽学生的视野，还能激发他们对某些职业的兴趣。行业讲座通常由行业专家或从业者分享他们的职业经历和行业见解，而职业访谈则为学生提供了与从业者直

接交流的机会，让他们能够更深入地了解某一职业的实际情况。这种直接的接触和交流有助于学生发现潜在的职业兴趣，并为他们的职业选择提供参考。

4．实习和志愿者活动

在现代学徒制教育框架下，学生通过参与实习和志愿者活动，可以将理论知识应用于实际工作中，获得宝贵的实践经验。这不仅有助于他们了解某一职业的日常工作和行业要求，还能帮助他们评估自己的职业兴趣和能力是否与该职业相匹配。实习和志愿者活动为学生提供了探索和尝试不同职业的机会，使他们能够在实践中找到适合自己的职业方向，并为未来的职业发展做好准备。

（二）行业趋势与职业机会识别

行业趋势与职业机会识别对于现代学徒制教育框架下的学生职业发展至关重要。分析当前行业需求的变化，能够帮助学生识别新兴职业和技能要求，从而调整职业目标和发展方向。随着全球经济的快速变化，许多传统职业正在经历转型，新兴行业不断涌现。学生了解这些变化，可以更好地规划自己的职业路径，确保在未来的就业市场中占据有利位置。现代学徒制强调实践与理论相结合，使学生能够在真实的工作环境中识别行业趋势，培养适应性和前瞻性。

技术进步对各行业的影响日益显著，特别是自动化和人工智能的普及，正逐步改变传统职业角色。学生在职业发展规划中，需要关注这些技术革新如何影响其所选行业，并相应地调整自身技能组合。自动化技术的应用虽然提高了生产效率，但也要求从业者具备更高的技术素养和创新能力。现代学徒制通过实际操作和项目参与，帮助学生理解技术进步的具体应用，促使他们适应新的工作环境，提升其专业竞争力。

市场对复合型人才的需求不断增加，跨学科能力的重要性越发突出。在现代学徒制教育框架下，学生不仅要掌握专业技能，还须具备解决复杂问题的能力和跨领域的知识。通过研究市场需求，学生可以在职业规划中融入多元化技能，以应对未来职业挑战。现代学徒制提供了多样化的学习机会，使学生可以接触到不同的学科领域，培养综合素质，这对他们职业的长远发展具有重要意义。

利用行业报告和职业发展平台，学生可以获得关于未来职业机会的实时信息。这些资源为学生展示了就业市场的动态变化，帮助他们把握职业发展的方向。现代学徒制强调信息的获取与应用能力，学生通过这些平台可以更好地了解行业需求，调整学习和发展策略。行业报告不仅提供了数据支持，还揭示了未来职业发展的潜在趋势，使学生能够提前作好准备。

（三）个人价值观与职业选择的匹配

个人价值观在职业选择过程中扮演着关键角色，它不仅影响学生对职业的认知，还直接关系到他们的职业定位。深入了解个人价值观，学生能够明确自身的核心信念和生活原则，这些信念和原则在很大程度上指导着他们的职业选择。现代学徒制提供了一个实践的平台，使学生能够在真实的职业环境中反思和认识自己的价值观，从而在职业生涯的早期阶段就能作出更为明智的选择。

在职业选择上，价值观与工作环境的匹配尤为重要。选择与自身价值观相符的企业文化和工作氛围，能够帮助学生在职业生涯中获得更高的满意度和成就感。现代学徒制通过实际的工作体验，使学生能够识别和评估不同企业的文化特征，找到与自己价值观一致的工作环境。这一过程不仅提高了学生的职业选择能力，也增强了他们在职场中的适应性和持久性。

价值观对职业满意度的影响不容忽视。研究表明，选择符合个人价值观的职业能够显著提高工作幸福感和成就感。现代学徒制通过持续的实践和反思，帮助学生在职业选择上坚持个人价值观，抵制外部压力的影响。这种坚持不仅有助于提升职业满意度，还能在长期的职业发展中保持个人的真实自我，避免由不适合的职业选择导致的职业倦怠和不满。

在职业发展过程中，坚持个人价值观是实现职业成功的重要因素。现代学徒制鼓励学生在职业生涯中保持真实自我，抵制外部压力的影响。这种坚持不仅能帮助学生在职场中保持内心的平衡与稳定，还能在职业发展中不断追求个人价值与职业目标的统一。通过现代学徒制的实践，学生能够在职业发展中不断反思和调整自己的职业路径，以实现个人价值的最大化。

二、现代学徒制下的学生职业发展路径设计

（一）职业发展目标设定

职业发展目标的设定是学生职业生涯规划的重要起点。明确的职业发展目标不仅能够激励学生，还能为其提供明确的方向和动力。在现代学徒制的背景下，职业发展目标的设定尤为重要。具体而言，目标设定应遵循SMART原则，

即确保目标具体（specific）、可测量（measurable）、可实现（achievable）、相关（rclcvant）及时间限制明确（timebound）。根据这一原则，学生能够制订出切实可行的职业发展计划，从而在职业生涯中取得长足的进步。

结合个人兴趣和职业价值观，设定与自身特长和市场需求相符的职业发展目标，是现代学徒制框架下职业规划的重要步骤。学生在设定职业目标时，需要深入了解自己的兴趣所在和职业价值观，同时关注市场的变化和需求。这一过程不仅有助于学生明确自己的职业方向，还能帮助他们在激烈的职场竞争中找到适合自己的位置。这样，学生能够在职业发展中实现个人价值和社会价值的统一。

通过职业咨询与导师指导，帮助学生制定切实可行的职业发展目标，增强目标的现实性与可操作性，是现代学徒制的优势之一。在职业发展过程中，学生常常面临诸多不确定性和挑战。职业咨询与导师指导能够为学生提供专业的建议和支持，帮助他们明确职业目标，并提供实现目标的具体路径。这样，学生能够更好地应对职业发展中的各种挑战，增强目标的现实性和可操作性。

鼓励学生参与行业活动与实习，基于实践经验调整职业发展目标，确保目标与实际工作环境相适应，是现代学徒制的核心理念之一。学生在参与行业活动和实习过程中，能够获得宝贵的实践经验，这些经验不仅有助于他们更好地理解行业动态和工作环境，还能帮助他们调整职业发展目标，使其更加符合实际工作需求。这样，学生能够在职业发展中实现理论与实践的结合，提高其职业适应能力和竞争力。

（二）职业发展阶段规划

职业发展阶段规划是现代学徒制中至关重要的一环，旨在为学生的职业生涯提供清晰的方向与步骤。通过划分职业发展阶段，学生能够更好地理解自身在职业生涯中的位置及未来的发展路径。职业发展阶段规划不仅能帮助学生明确自身的职业目标，还能促使其在每个阶段积累必要的技能和经验。这种阶段性的规划有助于学生在职业生涯的不同阶段保持前进的动力和方向感，从而实现更为长远的发展目标。

在职业发展阶段中，制定短期目标是确保学生在学习和实习过程中逐步积累经验与技能的关键。短期目标应当具体且可衡量，以便学生能够在较短的时间内看到自己的进步。这不仅能增强学生的自信心，还能为他们提供明确的行动计划。通过实现这些短期目标，学生能够在实践中不断提升自身的能力，并为下一阶段的职业发展作好准备。短期目标的实现是职业发展阶段性规划不可或缺的一部分，它为学生的职业成长奠定了坚实的基础。

明确职业发展阶段的中期目标是帮助学生在完成初步职业培训后向更高层次的专业资格和职位迈进的重要步骤。中期目标通常涉及更为复杂的技能和更高的职业要求，学生在这一阶段需要通过深入的行业实践和专业培训来提升自己的职业素养。通过设定中期目标，学生可以在职业道路上向更高层次的专业领域进军，获得更多的职业选择和发展机会。这一过程不仅是对学生专业能力的提升，也是对其职业规划能力的全面考验。

设定长期职业发展目标则是鼓励学生在职业生涯中追求更高成就与领导能力提升的核心环节。长期目标通常涉及学生在职业生涯中可能达到的最高成就或职位，如成为行业领袖或专家。设定长期目标需要学生对自身的职业生涯有一个宏观的视野和长远的规划。通过设定这些目标，学生能够在职业生涯中保持不断进取的精神，并在实现目标的过程中不断完善自身的职业技能和领导能力。

提供职业发展阶段的支持资源，包括导师指导、行业交流和专业培训，是帮助学生在各个阶段顺利过渡的重要措施。导师指导能够为学生提供个性化的职业建议和支持，帮助其在职业发展过程中克服困难。行业交流为学生提供了解行业最新动态和趋势的机会，拓宽其职业视野。而专业培训则是提升学生专业技能和职业素养的有效途径。通过整合这些支持资源，学生能够在职业发展过程中获得全面的支持，从而实现职业生涯的顺利过渡和长远发展。

三、现代学徒制下的学生职业生涯管理方法

（一）职业生涯目标的设定与调整

职业生涯目标的设定与调整是现代学徒制框架下学生职业发展的核心环节。设定职业生涯目标时，明确性和可量化性是关键，这不仅有助于学生在职业发展过程中进行准确的自我评估，也为后续的调整指明了具体的方向。明确的目标能够帮助学生在职业生涯的每个阶段都保持清晰的方向感，从而提高学习和实践的效率。此外，可量化的目标使学生能够通过具体的指标来衡量自己的进步和成就，为个人职业发展打下了坚实的基础。

在职业目标设定过程中，学生需要综合考虑个人的兴趣、价值观和技能，

以形成与自身特长相匹配的职业规划。这一过程不仅有助于学生明确自身的职业定位，还能激发其内在动力，推动其在学徒制学习中深入探索。结合个人兴趣与价值观，学生能够找到与自己志趣相投的职业方向，从而提高职业满意度和成就感。同时，基于个人技能的职业规划有助于学生在职业生涯中发挥自身优势，提升竞争力，确保职业目标的可实现性。

定期回顾和调整职业生涯目标是保持职业发展灵活性的重要策略。现代社会的快速变化要求学生具备动态调整职业目标的能力，以应对市场需求的变化和个人发展的新需求。通过定期自我反思和目标调整，学生能够及时识别职业发展中的新机遇和挑战，保持职业生涯持续进步。此外，这种灵活性也使得学生在职业生涯的不同阶段，结合实际情况，调整自身的发展路径，以实现更长远的职业目标。

职业咨询和反馈机制能够为学生设定和调整目标时提供外部视角，增强目标的现实性和可操作性。职业咨询不仅可以为学生提供专业的建议和指导，还能帮助他们识别自身目标中存在的盲点和不足。通过反馈机制，学生可以获得来自导师、同伴及职场专业人士的多元化意见，从而全面评估自身目标的可行性和有效性。这种外部视角的引入，不仅扩宽了学生的职业生涯规划视野，也提升了目标设定和调整的科学性和合理性。

（二）职业发展机会的识别与把握

在现代学徒制框架下，学生需要具备敏锐的识别与把握职业发展机会的能力。这一能力的培养，依赖于学生对行业网络与社交平台的有效利用。通过积极参与行业活动，学生可以建立并拓展自己的人际关系网，从而获取潜在的职业机会。这不仅包括参加行业会议、研讨会和展览会等线下活动，还涵盖在社交平台上的活跃表现。通过这些渠道，学生能够与行业内的专家、雇主和同行建立联系，了解最新的行业趋势和用人需求，为自身的职业发展奠定基础。

同时，学生应养成定期关注招聘信息和行业动态的习惯，以及时识别市场需求的变化。通过对招聘平台、行业报告和专业媒体的持续关注，学生可以掌握当前热门职位的技能要求和薪资水平，从而调整个人职业发展策略。主动获取这种信息，有助于学生在职业选择中作出更为明智的决策，避免在职业生涯中迷失方向。此外，学生还可以通过参与职业研讨会和行业论坛获取更具体的市场信息，增强对职业发展的前瞻性判断。

与行业内的专业人士进行交流，也是学生把握职业发展机会的重要途径。

通过与导师、实习主管以及其他行业专家进行沟通，学生可以获取宝贵的职业发展建议和指导。这些专业人士往往具备丰富的行业经验，能够为学生提供切实可行的职业规划建议，帮助学生更好地识别和把握职业机会。同时，这种交流还可以帮助学生了解行业的隐性规则和文化，从而更好地融入职业环境。

为了适应不断变化的职业市场需求，学生还应积极参加职业培训和技能提升课程。这些课程不仅可以增强学生的专业技能和实际操作能力，还能够提升其在职场中的竞争力。通过学习新技术、掌握新工具，学生能够在职业市场中保持优势地位。此外，职业培训还可以帮助学生拓宽知识面，提升综合素养，为未来的职业发展提供更多可能性。在现代学徒制的支持下，这些培训课程通常与企业需求紧密结合，确保学生所学内容的实用性和前瞻性。

（三）职业生涯路径选择

职业生涯路径选择是现代学徒制中至关重要的环节，影响着学生的职业发展方向和潜力。在现代学徒制框架下，学生需要深入理解职业生涯路径选择的重要性，这不仅涉及个人的职业兴趣和能力匹配，还包括对行业趋势和市场需求的敏锐洞察。通过对自身职业兴趣的深刻认知，学生能够更好地规划职业生涯路径，确保选择的职业方向能够与个人的长远目标和价值观相一致。

其一，制定个人职业生涯路径的关键步骤是实现职业目标的基础。首先，自我评估是确定职业方向的起点，学生需要通过一系列评估工具和方法了解自己的兴趣、技能和价值观。其次，市场调研是了解行业动态和岗位需求的关键，通过收集和分析市场信息，学生可以识别出哪些职业路径具有潜力和发展前景。最后，目标设定是将职业愿景转化为具体行动计划的过程，学生需要设定短期和长期目标，并制订详细的行动计划，以便在职业生涯中稳步前进。

其二，识别和利用职业发展中的关键节点是优化职业路径选择的策略之一。在现代学徒制中，实习、培训和网络机会是学生职业发展的重要节点。通过参与实习，学生可以获得实际工作经验，了解行业运作模式，并建立职业关系网。培训课程则提供了提升专业技能和知识的机会，使学生在竞争激烈的职场中保持竞争优势。此外，积极参与行业会议和社交活动，拓展人脉网络，也有助于学生在职业生涯中获得更多发展机会。

其三，探索不同职业路径的灵活性是增强职业发展多样性的有效途径。现代学徒制鼓励学生在职业生涯中保持开放心态，积极探索跨行业转型和多职能角色的可能性。通过积累不同领域的工作经验，学生能够提高自身适应能力和创新能力，增强职场竞争力。这种灵活性不仅可以帮助学生在职业生涯中更好地应对变化和挑战，还可以为他们提供更多的职业选择和发展空间。

其四，建立职业生涯发展档案是职业路径选择不可或缺的工具。通过记录个人的成就、经验和学习成果，学生可以在职业生涯的不同阶段进行反思和调整。职业生涯发展档案不仅是个人成长的记录，也是职业发展规划的重要参考。定期更新和审视职业生涯发展档案，能够帮助学生明确职业方向，调整职业目标，并在职业路径选择中作出更为明智的决策。

四、现代学徒制下的学生职业转换与晋升规划

（一）职业转换的动机识别与分析

在现代学徒制框架下，识别职业转换的动机是职业发展规划的重要环节。个人职业转换的内在动机通常源于对工作内容的兴趣变化或对职业发展的新期望。在职业生涯的不同阶段，个体可能会因为对当前工作的倦怠或对新领域的好奇而产生转换职业的想法。在此过程中，了解自身的兴趣和期望是关键，它不仅影响职业选择，还决定未来的职业满意度和成就感。通过自我反思和职业咨询，学生能够更清晰地理解自己的职业动机，从而做出更明智的职业转换决策。

外部因素同样在职业转换中扮演重要角色。行业变化、经济环境的波动以及市场需求的变化，都会对职业选择产生直接影响。现代学徒制通过提供行业动态信息和市场分析工具，帮助学生更好地理解外部环境的变化。这种理解不仅有助于学生在转换职业时做出符合市场需求的选择，还能帮助他们在职业生涯中保持竞争力。通过对外部因素的分析，学生能够更好地把握职业转换的时机，并在转换过程中规避可能的风险。

职业转换不仅是对个人兴趣和外部环境的响应，也是个人成长的重要机会。在转换过程中，学生能够通过新的工作环境和任务，提升自身技能，增强职业成就感。现代学徒制强调在职业转换中关注技能的提升，通过提供实用的培训和指导，帮助学生在新职业中快速适应并取得成功。职业转换带来的成长不仅体现在技能的提升上，也体现在职业成就感的增强上，这对学生的长期职业发展具有重要意义。

职业转换对个人生活平衡的影响也是需要考虑的重要因素。新职业是否与

个人价值观和生活方式相契合，是职业转换成功与否的关键。在现代学徒制中，学生被鼓励评估职业转换对生活平衡的潜在影响，以确保职业选择不仅满足职业发展的需求，也符合个人生活的整体规划。通过对职业转换影响进行全面评估，学生能够在职业生涯中获得更高的满意度和生活质量。

（二）职业晋升规划策略的制定

在现代学徒制背景下，学生的职业晋升规划策略需要经过精心设计与实施，以确保学生在职业生涯中获得持续的成长和发展。职业晋升规划的制订首先需要明确短期与长期目标。这些目标不仅要具体，还必须具备可量化的特征，以便于后续进行评估与调整。通过设定明确的目标，学生能够在职业发展过程中保持清晰的方向感和动力，确保每一步的努力都朝着既定的目标迈进。此外，目标的具体性和可量化性也为后续的职业晋升评估提供了可靠的依据，使得整个规划过程更具科学性和可操作性。

在制定职业晋升策略时，必须结合个人的职业发展路径，并确保与行业的发展趋势相符。这样，学生能够确保自身技能与市场需求相匹配，避免因行业变化而出现职业发展受阻的情况。现代学徒制强调理论与实践相结合，因此学生在制定晋升策略时，应充分利用学徒制提供的实践机会，了解行业的最新动态和发展方向。这种结合不仅提升了学生的职业敏感度，也为其在职业生涯中保持竞争力奠定了坚实的基础。

建立定期反馈机制是职业晋升规划策略不可或缺的一环。通过邀请导师或行业专家对职业晋升规划进行评估与指导，学生能够及时了解自身规划中存在的不足，并根据反馈进行调整。这种机制不仅增强了目标的现实性和可操作性，也为学生提供了宝贵的外部视角，帮助其在职业发展过程中不断优化自身策略。导师和行业专家的指导能够为学生提供行业内的成功经验和专业见解，使得职业晋升规划更具前瞻性和实用性。

参与专业培训和技能提升课程，是确保职业晋升规划得以顺利实施的重要手段。在快速变化的职场环境中，持续学习和技能更新是保持竞争力的关键。通过参加各类专业培训，学生能够不断提升自身的专业素养和技能水平，为职业晋升作好充分准备。这不仅有助于学生在现有岗位上表现出色，还为其未来的职业发展拓宽了道路。现代学徒制下的职业晋升规划策略强调实践与学习的结合，确保学生能够在变化的职场环境中始终保持优势，稳步实现职业目标。

（三）职业转换中的风险管理

在现代学徒制框架下，职业转换常常面临多重风险。评估这些潜在风险是职业转换规划的重要环节。技能不匹配是常见的挑战之一，学生可能发现新职位所需的技能与自身掌握的技能存在差距。此外，市场需求的变化也可能导致学生在转换过程中面临困境，尤其是在行业前景不明朗的情况下。因此，提前识别这些风险因素，并制定相应的应对策略，如技能提升计划或行业分析，是确保职业转换成功的关键。

为了有效地应对职业转换的不确定性，建立职业转换应急预案显得尤为重要。在转换过程中，学生可能会遇到挫折或不适应的情况，此时应急预案可以为学生及时提供指导和支持，使学生能够迅速调整方向或采取补救措施。应急预案不仅是对潜在风险的防范措施，也是对学生职业转换过程中心理和职业适应能力的保障，确保他们能够面对挑战时保持信心和动力。

在进入新行业或新职位之前，加强调研是降低职业转换风险的有效手段。通过深入了解新行业的文化、工作要求和发展前景，学生可以更好地准备和适应新的职业环境。掌握充分的信息能够帮助他们作出更明智的决策，减少由信息不足导致的风险。同时，调研也能帮助学生识别新行业中的机会和挑战，为职业转换提供更清晰的方向和路径。

（四）跨领域职业发展的可行性研究

跨领域职业发展在现代学徒制背景下具有重要的研究价值。对不同职业领域进行深入分析，发现跨领域职业发展不仅是可能的，而且在某些情况下是必需的。现代学徒制提供了一个实践与理论相结合的学习平台，使学生不仅能够在一种职业中积累经验，同时也能学习其他领域的相关知识和技能。这种多领域的学习方式为学生提供了更广阔的职业选择空间，并增强了他们在职场中的竞争力。通过案例分析，学生可以看到许多成功的职业转换实例，这些实例证明了跨领域职业发展的可行性。

在当今快速变化的经济环境中，跨领域职业发展变得越来越重要。现代学徒制强调技能的实际应用和适应能力的培养，这为学生跨领域职业发展奠定了坚实的基础。不同领域间的技能迁移能力是实现职业转换的关键，学生需要具备将一个领域的技能应用到另一个领域的能力。通过现代学徒制，学生能够在多个领域积累经验，这不仅提高了他们的适应能力，也增加了他们在不同职业环境中的生存能力。跨领域职业发展不仅是应对职业生涯变化的一种策略，也是提升职业竞争力的重要途径。

跨领域职业发展需要充分整合资源，特别是在现代学徒制的实施过程中。多学科知识与技能的交叉应用是职业发展的重要推动力。现代学徒制鼓励学生在实践中学习多种技能，并将这些技能整合应用到实际工作中。这种整合不仅提高了学生的职业能力，也促进了创新和创造力的发展。通过资源的有效整合，学生可以在职业生涯中获得更多的机会，并在不同的职业领域取得更高的成就。资源整合成功与否直接影响到跨领域职业发展的效果。

当今职场对复合型人才的需求日益增长，因此跨领域职业发展成为一种趋势。现代学徒制教育模式强调培养学生的综合能力，使他们能够在复杂多变的职场环境中脱颖而出。市场对复合型人才的需求使得跨领域职业发展具有必要性，学生需要具备多种技能和跨领域的知识储备，以满足市场的需求。对市场需求的分析可以帮助学生更好地规划职业发展路径，并在未来的职业生涯中抓住更多的机会。

第五章　现代学徒制的评估

第一节　现代学徒制的评估主体

一、现代学徒制评估的学校主体

（一）学校评估的标准

学校评估的标准在现代学徒制的实施中扮演着至关重要的角色。一个完善的评估标准不仅可以帮助学校优化课程设置，还可以提升职业技能的匹配度。通过对课程设置的评估，学校能够确保所提供的教育内容与实际职业需求联系紧密。这种评估需要依据行业标准和职业能力框架，以便更好地为学生的职业发展奠定基础。此外，评估标准还应关注课程的灵活性，以适应不断变化的职业环境和技术进步。这样，学校可以更有针对性地调整教学策略，从而提高学徒的就业竞争力和职业适应能力。

1．评估学校现代学徒制的课程设置与职业技能的匹配度

学校需要通过系统的评估工具和方法，分析课程内容与职业技能之间的契合度。这不仅涉及理论知识的传授，还包括实践技能的培养。学校需要确保课程内容能够反映行业最新的发展趋势和技术需求，从而帮助学生在毕业后能够迅速融入工作环境。通过定期的课程评估，学校可以及时发现课程设置方面存在的不足，并通过调整课程内容和教学方法来提高学徒的职业技能水平。

2．评估学校对学徒制实施的支持力度与资源配置情况

学校在实施现代学徒制过程中，需要提供足够的资源支持，包括教学设备、实训场地和专业指导教师等。通过评估，学校可以了解自身在资源配置上的优势和不足，从而在资源分配上作出更合理的决策。此外，学校还需要评估自身在政策支持和资金投入上的力度，确保学徒制顺利实施。这种评估有助于学校优化资源配置，提高学徒制的实施效果。

3．评估学校与企业合作的有效性与互动频率

学校与企业的合作关系直接影响到学徒的实习质量和就业机会。通过评估，学校可以了解与企业合作的深度和广度，包括合作项目的数量、质量以及企业对学徒的反馈。评估还应关注学校与企业之间的沟通机制和互动频率，以确保双方的合作能够持续深化。这样，学校可以优化与企业的合作模式，提高学徒的实践能力和就业竞争力。

4．评估学校对学徒的指导与反馈机制的完善程度

学校需要建立健全的指导和反馈机制，以帮助学徒在学习过程中不断改进和提高。通过评估，学校可以了解指导教师的专业水平和指导效果，以及学徒对指导和反馈的满意度。这种评估有助于学校在指导教师的选拔和培训上作出更科学的决策，提高指导和反馈的质量，从而帮助学徒更好地掌握职业技能。

（二）学校评估的流程

1．确定评估目标与指标体系

这一阶段要求学校明确评估的具体内容和方向，以确保评估过程的系统性和科学性。通过设定清晰的目标和指标，学校可以更有效地衡量学徒制的实施效果，确保其与教育目标相一致。此外，明确的评估方向有助于学校在学徒制实施过程中及时发现问题并加以改进，从而提高学徒制实施的整体质量。

2．组织评估团队

学校需要选择具备相关专业知识和经验的人员参与评估，以保证评估的专业性和客观性。评估团队通常由教育专家、行业顾问以及学校管理人员组成，他们的多元化背景能够为评估提供不同的视角和见解。这不仅提高了评估的全面性，还能确保评估结果的可信度和可操作性。通过组建这样一支专业团队，学校能够更好地识别学徒制实施过程中存在的优势和不足。

3．收集与分析相关数据

学校需要从多个维度收集数据，包括课程设置、学徒反馈和企业合作情况等。这些数据为评估提供了丰富的素材，帮助学校全面了解学徒制的运行状况。

通过对数据的深入分析，学校可以识别出影响学徒制效果的关键因素，并据此制定相应的改进策略。数据分析不仅为评估提供了科学依据，还为学校决策提供了有力支持。

4. 进行现场访谈和观察

现场访谈和观察是获取第一手资料的重要手段，能够有效补充定量数据的不足。通过与学徒、教师和企业代表访谈，评估团队可以深入了解各方对学徒制的看法和意见。此外，现场观察可以帮助团队了解学徒在实际工作环境中的表现和成长情况。这些定性资料为评估提供了丰富的背景信息，有助于全面理解学徒制的实施效果，并为改进措施的制定提供实质性支持。

5. 撰写评估报告

报告总结了评估结果，并提出改进建议和后续措施。通过系统总结评估结果，学校可以明确学徒制实施过程中存在的优势和不足，从而制订切实可行的改进计划。评估报告不仅为学校内部决策提供参考，还为学徒制的推广和优化提供了宝贵的经验和教训。通过不断的评估和改进，学校能够推动现代学徒制的持续发展。

二、现代学徒制评估的企业主体

(一) 企业评估标准

企业评估标准在现代学徒制中扮演着关键角色，其制定与实施直接影响学徒培养的质量和效果。企业需要建立一套全面的评估标准，评估标准涵盖学徒在实际工作中的表现、技能掌握程度和职业素养等方面。这些标准不仅是对学徒个人能力的考核，也是对企业培养体系有效性的检验。在评估过程中，企业应结合行业特点和岗位需求，设定符合实际的评估指标，以确保学徒在工作中能够独立胜任岗位职责，并具备持续发展的潜力。此外，评估标准的制定还应考虑学徒的个体差异，为学徒提供个性化的反馈与指导，帮助学徒在职业生涯中不断进步。

1. 学徒的职业技能评估

企业对学徒的职业技能评估标准不仅关注学徒的实际工作表现，还涉及对其技能掌握程度和职业素养的全面考核。实际工作表现是评估的核心，企业通过观察和记录学徒在工作中的具体操作和任务完成情况，来判断其是否具备岗位所需的基本技能和能力。技能掌握程度则通过定期的考核和测试来评估，确保学徒在培训期间能够系统地掌握相关专业技能。同时，职业素养评估也是不可或缺的一环，企业通过对学徒工作态度、团队协作能力、责任心等方面的考察，全面评估其职业道德和行为规范，以培养出符合企业文化和行业标准的优秀人才。

2. 资源投入及支持力度评估

企业在学徒制实施过程中的资源投入及支持力度评估，是确保学徒制有效开展的重要环节。企业需要对培训设施、师资力量和指导时间的配置进行全面评估，以保证学徒在学习和实践过程中能够得到充分的支持。培训设施的现代化程度和适用性直接影响学徒的学习效果，而师资力量是否充足和专业则决定了学徒能否获得高质量的指导和培训。合理安排指导时间也至关重要，企业应根据学徒的学习进度和需求，灵活调整指导计划，确保学徒能够在规定时间内完成学习任务并达成预期目标。通过对资源投入的评估，企业可以识别出当前学徒制实施过程中存在的不足，及时进行调整和优化。

3. 与学校合作的效果评估

企业与学校合作的效果评估，重点关注双方在学徒培养过程中的沟通、协作及反馈机制的有效性。企业与学校的紧密合作是现代学徒制成功实施的基础，双方需要在学徒培养目标、课程设置和教学安排等方面保持一致，并通过定期沟通和反馈，及时解决学徒制实施过程中出现的问题。评估合作效果时，企业应重点考察双方在信息共享、资源整合和问题解决方面的表现，确保学徒在学习过程中能够获得企业和学校的双重支持。此外，企业还应关注合作过程中各方的责任分工和执行情况，以促进学徒制的持续改进和发展。

4. 学徒制实施成果评估

企业对学徒制实施成果的评估，主要包括学徒在工作中的表现、职业发展路径及学徒对企业贡献的具体指标。企业需要对学徒在工作中的表现进行跟踪和分析，评估其在培训结束后的实际工作能力和岗位适应性。职业发展路径的评估则关注学徒在企业内部的成长和晋升情况，企业应设定明确的职业发展通道和激励机制，鼓励学徒在职业生涯中不断进步。对企业贡献的评估则重点考察学徒在工作中为企业创造的实际价值和业绩，通过量化指标来衡量学徒对企业发展的贡献程度。通过全面的成果评估，企业可以总结学徒制实施的经验和教训，为今后的培训工作提供有力的参考和支持。

（二）企业评估流程

企业评估流程在现代学徒制中扮演着至关重要的角色。

首先，企业需要明确评估指标，并制定企业内部评估标准，以确保对学徒技能和表现进行全面评估。这些指标通常涵盖技术能力、工作效率、团队协作以及创新能力等多个方面。通过建立一套详细的评估标准，企业能够有效地识别学徒在培训期间的优势和不足之处，从而为后续的培训调整提供科学依据。这一过程不仅有助于提升学徒的综合素质，也为企业的人才培养战略提供了可靠的数据支持。

其次，组织评估团队是企业评估流程中的关键环节。企业需选派具备相关行业经验的员工参与学徒评估，以确保评估的专业性与客观性。这些评估人员通常包括部门主管、技术骨干以及人力资源专家，他们能够从不同的角度对学徒的表现进行全面分析。通过多元化的评估视角，企业能够获得全面和准确的评估结果。此外，评估团队的成员还需具备良好的沟通能力，以便在评估过程中与学徒进行有效的互动和反馈，从而促进学徒持续进步。

再次，实施定期评估是企业评估流程不可或缺的一部分。企业需要结合学徒在工作中的实际表现与反馈，形成系统的评估周期，以监测学徒的成长与发展。定期评估不仅能够及时发现学徒在技能掌握上的进展和问题，还能够帮助企业调整培训计划以适应学徒的个性化需求。通过这种动态的评估机制，企业能够确保学徒制的实施效果，并为学徒提供健康的成长环境。同时，定期评估也为企业的人才管理提供了持续优化的机会。

最后，撰写评估报告是企业评估流程的最后一个步骤。评估团队需对评估结果进行详细分析，并提出有针对性的改进建议，以促进学徒制的持续优化与企业效益的提升。评估报告通常包括学徒的表现总结、评估指标的达成情况以及改进建议等内容。评估报告不仅为学徒提供了明确的成长方向，也为企业的管理层提供了决策依据。通过不断优化评估流程和报告内容，企业能够在学徒制实施中保持竞争优势，从而实现企业与学徒双赢的局面。

三、现代学徒制评估的政府主体

(一) 政府评估的职责

政府在现代学徒制的评估中扮演着至关重要的角色，其不仅仅是政策的制定者，更是政策实施过程中的监督者和支持者。

其一，政府需要制定现代学徒制的政策框架，确保其与国家职业教育发展战略相一致。这一政策框架应当包括对学徒制的定义、目标、实施步骤以及评估标准等方面的详细规定，以确保各级教育机构和企业在实施过程中有章可循。通过这样的政策框架，政府能够引导现代学徒制的发展方向，使其更好地服务于国家经济和社会发展的总体目标。

其二，政府需要负责对现代学徒制的实施情况进行监督与评估。这一职责要求政府通过多种形式，如实地考察、问卷调查、数据分析等，对学徒制的实施效果进行全面评估。监督与评估的目的是确保相关政策的落实与执行，发现实施过程中存在的问题和不足，并及时进行调整和改进。通过有效的监督机制，政府可以保障现代学徒制的质量，提高其在职业教育体系中的地位和影响力。

其三，政府在现代学徒制评估中需提供资金支持与进行资源配置，以促进学校与企业的合作与发展。资金支持是现代学徒制顺利实施的重要保障，政府应设立专项资金，用于支持学校和企业在学徒制项目中的各项活动。此外，政府还应通过政策激励、税收优惠等方式，鼓励企业参与到学徒制的实施中，形成学校与企业的良性互动与合作。

其四，政府需要建立现代学徒制的评估标准与指标体系，为各级教育机构和企业提供指导。这一标准与指标体系应当涵盖学徒的技能掌握、职业素养提升、就业能力增强等多个方面，以便全面评估学徒制的实施效果。通过建立科学合理的评估标准，政府可以对不同地区、不同类型的学徒制项目进行横向比较，发现其中的优秀经验和做法，并在全国范围内推广。

其五，政府应定期发布现代学徒制评估报告，向社会公众和相关利益方通报实施效果与改进方向。评估报告的发布不仅是对学徒制实施情况的总结和反思，也是对社会各界的公开承诺，表明政府在职业教育改革中的责任和担当。通过评估报告，政府可以与社会各界分享学徒制实施中的成功经验和存在的问题，推动各方共同参与到学徒制的改进和完善中来。

（二）政府评估的标准

政府评估的标准直接影响到学徒制的实施效果。政府评估的标准不仅是对学徒制质量的保障，也是对参与各方的约束与激励。政府通过明确的标准和严格的监管，确保现代学徒制的实施能够实现预期的教育和经济效益。在评估过程中，政府需要兼顾多种因素，包括学徒技能的提升、企业参与的积极性以及教育机构的教学质量等。这样的评估标准不仅促进了学徒制规范化发展，也为其未来的优化提供了重要的参考依据。

1. 实施效果的定量评估

通过对学徒就业率、职业发展速度等关键指标的监测，政府能够直观地了解学徒制实施的实际效果。这些指标不仅反映了学徒在接受培训后的就业能力，也显示了学徒制对劳动力市场需求的满足程度。高就业率和快速的职业发展速度通常表明学徒制实施的成功，而低就业率则可能提示需要对学徒制的某些方面进行调整。定量评估为政府制定相关政策提供了数据支持，使政策更加科学合理。

2. 参与学校和企业的资质审核

通过严格的资质审核，政府能够确保参与的学校和企业符合相关法规与标准，从而保证学徒在安全、合法的环境中接受培训。资质审核不仅是对学校和企业的要求，也是对学徒权益的保护。通过这种审核机制，政府能够筛选出具备良好培训能力和职业道德的机构，确保学徒制的实施能够达成预期的教育和培训目标。

3. 相关政策执行情况的定期审查

通过定期审查，政府可以及时发现政策实施中存在的问题，并根据实际情况进行调整。定期审查不仅有助于政策优化，也能提高政策的执行力和有效性。政府通过审查了解政策在不同地区和行业的执行情况，从而为政策的改进提供实证依据，确保学徒制能够更好地服务于教育和经济的发展。

4. 资金使用情况审计

充足的资金是现代学徒制顺利实施的基础，政府通过审计可以确保资金用于最需要的地方，并防止资金浪费或挪用。审计过程不仅提高了资金使用的透明度，也增强了公众对政府管理学徒制的信任。通过合理分配资金，政府能够支持更多的学校和企业参与学徒制实施，从而扩大其覆盖面和影响力。

四、现代学徒制评估的学徒主体

（一）学徒参与评估的方式

学徒参与现代学徒制评估的方式多样且具有重要意义。通过有效的参与，学徒不仅能对自身的学习过程进行反思，还能为课程设计和教学改进提供宝贵的反馈。学徒参与评估的方式之一是通过问卷调查或访谈形式收集学徒对课程和实习的意见与建议。这种方式能够系统地获取学徒对课程内容、教学方法以及实习安排的看法，帮助教育机构和企业了解学徒的真实需求和期望，从而在课程设计和实施中作出相应调整，提升教学质量和实习效果。

学徒参与评估的反馈机制是现代学徒制评估的重要组成部分。通过问卷调查或访谈，教育机构能够收集到学徒对课程和实习的真实感受和建议。这种反馈机制不仅有助于课程和实习项目的优化，还能让学徒感受到他们的意见被重视，从而提高他们的学习积极性和参与度。反馈机制的有效运作需要教育机构和企业紧密合作，以确保收集到的反馈能够切实反映学徒的需求，并在后续的课程设计和实施中得到充分的考虑和应用。

学徒参与评估的自我评估工具为学徒提供了自我反思和技能评估的机会，促进了个人发展。这些工具通常包括自我评估问卷、反思日志等，能够帮助学徒在学习过程中不断进行自我检查和调整。通过自我评估，学徒能够更加清晰地认识到自身的优势与不足，从而有针对性地进行改进。这种自我导向的学习方式不仅有助于学徒提升技能，还能培养学徒的自我管理能力和终身学习意识，为其未来的职业发展奠定坚实的基础。

学徒参与评估的同行评审是一种鼓励学徒互相评价的方式，旨在提升学习效果和团队合作能力。通过同行评审，学徒能够在相互交流中获得不同视角的反馈，促进对所学知识的深入理解和应用。同时，同行评审也为学徒提供了一个锻炼批判性思维和沟通能力的平台，帮助他们在团队合作中更好地发挥作用。在现代学徒制中，同行评审不仅是评估的一部分，也是促进学徒相互学习和支持的重要手段。

学徒参与评估的成果展示是鼓励学徒通过项目汇报或展示活动来展示学习成果和实践经验的有效方式。通过成果展示，学徒能够总结和展示他们在学习和实习中的收获和成长，这不仅是对他们努力的肯定，也是对其他学徒的一种激励。成果展示活动也为教育机构和企业提供了一个检验学徒学习效果的机会，有助于评估教学和实习项目的成效。通过成果展示，学徒能够更好地将理论知识与实际应用结合起来，提升实践能力和创新能力。

（二）学徒评估的影响因素

1. 学徒的个人动机与职业目标

学徒若拥有明确的职业目标和强烈的个人动机，通常会在评估中表现出更高的参与度和投入程度。这种动机不仅推动学徒在学习过程中积极获取知识和技能，也促使他们在评估中更加认真地反思自身的表现与不足。相反，缺乏明确目标的学徒可能在评估中表现出消极态度，影响其学习效果和职业发展。因此，教育机构和企业在设计学徒制评估体系时，应考虑如何激发学徒的内在动机，以提高评估的有效性。

2. 学徒的学习风格与适应能力

不同学徒的学习风格各异，有些人偏向于实践操作，有些人则更适合理论学习。这种差异决定了学徒在评估中对反馈的接受程度与自我反思的深度。适应能力强的学徒能够更好地调整自身学习策略，积极回应评估反馈，从而不断提升自我。而适应能力较弱的学徒可能在面对评估反馈时感到无所适从，难以进行有效的自我反思。这就要求评估机制具有灵活性，以适应不同学习风格的学徒，并提供个性化的反馈和支持。

3. 学徒的社会支持系统

家庭的鼓励、同伴的互助以及导师的指导能够为学徒提供情感支持和学习动力。在这样的支持系统下，学徒更容易在评估中表现出积极的态度和较强的自信心，从而提高评估的参与度和效果。相反，缺乏有效支持系统的学徒可能在评估中感到孤立无援，影响其真实能力的发挥。因此，构建良好的社会支持系统是提升学徒评估效果的关键。

4. 评估环境的开放性与包容性

开放且包容的评估环境能够鼓励学徒自由表达自己的观点和感受，确保评估的真实性和有效性。学徒在这样的环境中，能够更坦诚地面对自己的优缺点，并积极寻求改进的机会。相反，若评估环境过于严苛或缺乏包容性，学徒可能会因担心受到批评而不愿表达真实感受，影响评估的准确性。因此，营造开放、包容的评估环境对于提高学徒评估的质量和效果至关重要。

五、现代学徒制评估的社会组织主体

（一）社会组织在评估中的角色

社会组织在现代学徒制评估中扮演着多重角色，其重要性不容忽视。作为第三方评估机构，社会组织提供独立且客观的评估视角，确保评估过程的公正性与透明度。这种独立性使得评估结果更具说服力，能够有效地避免由利益冲突导致的偏差。此外，社会组织的介入能够提高评估的可信度，为政策制定者和执行者提供可靠的决策依据。

社会组织通过开展调研与数据收集，整合多方资源与信息，为现代学徒制的评估提供科学依据与支持。通过系统化的数据分析，社会组织能够揭示学徒制的优势与不足，为改进措施的制定提供实证。社会组织的调研能力使其能够从宏观和微观的角度，全面考量学徒制的实施效果，进而提出切实可行的改进建议。

在评估过程中，社会组织发挥着桥梁作用，促进学校、企业与政府之间的沟通与合作。通过建立多方参与的评估机制，社会组织能够协调各方利益，推动各方共同参与评估工作。这种合作不仅有助于提升评估的全面性，也能增强各方对评估结果的认同感与责任感，从而推动评估结果得到有效应用。

社会组织可以制定评估标准与指标体系，帮助学校和企业明确评估目标，提高评估的系统性与针对性。标准化的评估体系有助于统一各方对评估内容和方法的理解，减少评估的主观性和随意性。通过明确的指标，社会组织能够引导学校和企业关注现代学徒制实施中的关键环节，确保评估工作有的放矢。

社会组织还可通过培训与指导，提升学校和企业在现代学徒制评估中的能力，促进评估结果的有效应用与反馈机制的建立。针对评估过程中发现的问题，社会组织可以提供专业的培训与咨询服务，帮助学校和企业提高自身的评估能力和水平。这种能力建设不仅有助于评估结果的准确性和可靠性，也为现代学徒制的持续改进和发展提供了必要的支持。

（二）社会组织评估的标准与方法

社会组织评估的标准与方法直接影响着评估结果的客观性和可靠性。社会组织评估的标准应包括对学徒制实施效果的量化指标，如学徒的技能掌握情况、就业率及职业发展轨迹等。这些指标不仅可以反映学徒在培训期间的学习成果，还能揭示学徒在进入职场后的发展情况，为学徒制的实施效果提供科学的量化依据。此外，这些标准的设定需要结合行业需求和教育目标进行，以确保评估结果的全面性和实用性。

在评估方法上，社会组织应采用多元化的手段，以获取全面的反馈信息。具体而言，问卷调查可以收集大量学徒及相关人员的意见和建议，访谈则能深入了解学徒制实施中存在的具体问题及其实施成效，而实地考察则为评估提供了直观的感受和证据。通过这些多元化的评估方法，社会组织能够从不同角度对学徒制进行全面分析，确保评估的深度与广度。同时，多元化的评估方法也能帮助社会组织识别学徒制实施中潜在的问题，为后续的改进提供依据。

社会组织在评估过程中应建立跨部门合作机制，促进教育、行业及政策专家参与。这种合作机制不仅能增强评估的专业性和科学性，还能确保评估结果的权威性和公正性。通过跨部门合作，评估机构可以综合考虑不同领域的专业意见，形成全面且客观的结论。此外，这种合作机制的建立也有助于在评估过程中分享信息和资源，提高评估的效率和效果。

为了确保评估工作有序进行，社会组织应制定清晰的评估流程与时间表。这不仅有助于明确各参与方的职责，还能提高评估效率。评估流程的制定需要考虑到评估的各个环节，包括数据收集、分析、报告撰写等；而时间表的制定则应合理安排各环节的时间，以确保评估工作按计划进行。通过清晰的流程和时间管理，社会组织能够有效协调各方资源，确保评估顺利完成。

在评估结束后，社会组织应提供详细的评估报告，并提出切实可行的改进建议。这些报告和建议不仅能帮助学校和企业了解学徒制实施中的优劣势，还能为优化现代学徒制的实施方案提供指导。评估报告应包括对学徒制效果的全面分析以及针对发现问题的具体改进措施。根据这些改进建议，学校和企业可以对学徒制实施策略进行调整和优化，以提高学徒制的整体效果和质量。

第二节　现代学徒制的评估内容

一、现代学徒制下学徒学习成果评估

（一）学徒职业技能评估

学徒职业技能评估是现代学徒制评估的重要内容之一。学徒在实际工作中表现出的职业技能水平，是其学习成果的直接体现。这不仅包括学徒的技术操作能力，还涉及其解决实际问题的能力。在实际操作中，学徒需要展示其掌握的技能如何应用于具体的工作任务中，确保工作流程顺利进行。同时，学徒解决问题的能力也是评估的重点，尤其是在面对突发状况或复杂任务时，学徒能否迅速作出反应并找到有效解决方案是评估其职业技能的重要指标。

学徒在特定职业环境中应用所学知识的能力，是评估其对工作流程理解和适应能力的关键。在实际工作中，学徒不仅需要具备理论知识，还需能够将这些知识灵活地应用于实践中。评估过程中，会考察学徒对工作流程的全面理解以及在不同情境下的适应能力。这种能力不仅体现在对现有流程的理解上，还体现在学徒在面对流程变化时的应对策略和调整能力上，从而确保其能够在动态的职业环境中保持高效的工作表现。

学徒在团队合作中的沟通能力和协作精神，是衡量其在团队项目中的表现与贡献的重要方面。在现代职场中，团队合作是不可或缺的，学徒能否有效地与他人沟通、协作直接影响到团队项目的成功与否。评估中，会关注学徒在团队中的角色定位、沟通技巧以及其在团队项目中所作的贡献。良好的沟通能力和协作精神不仅有助于提升团队效率，还能促进学徒个人职业素养的提升。

学徒的职业素养和职业道德，包括工作态度、责任感和职业形象，是学徒职业技能评估不容忽视的部分。职业素养和道德不仅反映在学徒的日常工作态度上，还体现在其对工作的责任感和专业形象上。评估中，会关注学徒在工作中的积极性、责任心以及其在工作环境中的专业表现。这些因素不仅影响学徒的个人职业发展，也严重影响整个团队及组织的工作氛围和文化。

学徒对新技术和新工具的学习能力，是评估其在技术更新中的适应性与主动性的关键指标。在快速变化的技术环境中，学徒能否及时掌握新技术，并将其有效应用于工作中，是其职业发展潜力的重要体现。评估中，会考察学徒在面对新技术时的学习态度、学习方法，以及其在实践中应用新技术的效果。积极主动的学习态度和快速适应新技术的能力，不仅提升了学徒的个人竞争力，也为企业的技术创新提供了重要支持。

（二）学徒综合素质评估

在现代学徒制评估中，学徒综合素质评估是一个关键环节。综合素质不是对学徒在工作岗位上的表现的简单量化，而是对其多方面能力的全面考察。

1. 自我管理能力评估

自我管理能力包括时间管理能力、任务优先级设定能力及自我激励能力。学徒需要在繁忙的工作中合理分配时间，明确任务的轻重缓急，并在面对挑战时保持积极的心态和动力。这种能力不仅帮助学徒在当前的岗位上高效工作，也为其未来的职业发展奠定了良好的基础。

2. 创新思维能力评估

在现代工作环境中，创新是推动企业发展的重要动力。学徒在工作中提出新思路或解决方案的能力，直接反映了其创新思维的深度和广度。这种能力不仅体现在技术创新上，也体现在对工作流程的优化和对团队协作的改进上。评估学徒的创新思维能力，可以帮助企业识别出具有潜力的未来人才，并为学徒提供更有针对性的培养计划。

3. 适应能力评估

适应能力评估关注学徒在不同工作环境和团队中的灵活应对能力。现代企业的工作环境变化迅速，学徒需要能够快速适应新的工作氛围和团队文化。这种能力不仅要求学徒具备良好的心理素质，还需要他们在面对变化时保持开放的心态和积极的态度。适应能力直接影响着学徒在不同岗位上的工作表现和职业稳定性。

4. 沟通能力评估

有效的沟通能力体现在与同事的合作中，其在与客户的交流中发挥着重要作用。评估学徒的沟通能力，主要考察其在工作中如何清晰、准确地传达信息，如何倾听他人的意见，以及如何在沟通中解决问题和化解矛盾。良好的沟通能力有助于学徒在团队中建立信任关系，提高工作效率，并为其职业发展提供支持。

（三）学徒学习效率的测量与分析

学徒学习效率的测量与分析在现代学徒制中至关重要。评估学徒完成工作任务的时间与质量，可以有效确定其学习效率和技能应用能力。这不仅涉及对学徒在实际工作环境中表现的观察，还需要结合具体的任务要求和标准进行客观评估。这种方式能够识别学徒在技能掌握上的优势和不足，从而为后续的培训计划提供数据支持。此外，评估结果也为企业调整培训策略提供了依据，确保学徒能够在最短的时间内达到预期的技能水平。

在评估学徒学习效率时，跟踪其在培训期间的学习进度是关键。分析学徒在不同阶段的学习效率变化，可以了解其在整个培训过程中的成长轨迹。这种分析通常需要结合学徒的学习记录、任务完成情况以及导师的反馈意见进行。对这些数据进行综合分析，能够识别出学徒在哪些阶段表现出色，哪些阶段需要更多的支持和指导。这不仅有助于个性化教学的设计，也为学徒的职业发展路径指明了方向。

评估学徒在自主学习和指导学习两种方式下的学习成果，比较两种学习方式对学习效率的影响，是现代学徒制评估的一项重要内容。自主学习强调学徒的主动性和自我驱动能力，而指导学习则依赖于导师的经验和知识传授。对这两种学习方式进行对比分析，可以发现不同学徒在学习效率上的差异以及这些差异背后的原因。这种分析有助于优化学徒制的教学方法，确保每位学徒都能在适合自己的学习环境中高效成长。

利用数据分析工具对学徒的学习活动进行量化分析，是现代学徒制评估的一项创新举措。利用这些工具，可以对学徒在不同任务中的表现与效率进行精确的评估。这种量化分析不限于简单的数据统计，还包括对学徒行为模式的深入挖掘。例如，分析学徒的学习曲线，可以识别出哪些任务是学习的“瓶颈”以及哪些任务能激发学徒的潜力。这种深入的分析为制订更为科学的培训计划提供了数据支持。

二、现代学徒制下学徒满意度评估

(一) 学习环境满意度

学习环境在现代学徒制中起到至关重要的作用，其直接影响学徒的整体满意度和学习效果。学习环境满意度不仅涉及物理空间的舒适性，还包括心理和社会因素。在良好的学习环境中，学徒能够更专注于任务，减少外界干扰，从而提高学习效率和成果。因此学习环境满意度成为评估现代学徒制效果的重要指标之一。

学徒对培训设施的满意度，尤其是设备的现代化程度和可用性，是评估学习环境满意度的关键因素之一。现代化设备不仅提高了学徒的实践能力，还增强了他们对所学技能的信心。设备的可用性直接影响学徒的学习进度和实践机会，因此，确保设备的现代化和高可用性是提升学徒满意度的重要手段。设备的良好维护和及时更新也是培训机构需要重视的方面。

学习资源的丰富性与可获取性，如教材、在线课程和参考资料的质量，对学徒的学习体验有着深远的影响。丰富的学习资源能够满足学徒的多样化学习需求，帮助他们在不同的学习阶段获得所需的信息和技能。高质量的教材和在线课程不仅提高了学徒的学习兴趣，还提供了更广阔的知识视野。确保学习资源的可获取性，使学徒能够随时随地进行学习，是提升学习环境满意度的有效方式。

实习环境的舒适度和安全性是影响学徒学习效果和心理状态的重要因素。舒适的实习环境能够让学徒更专注于学习，而安全的环境则是保障学徒心理健康和身体安全的前提。实习单位应注重工作场所的卫生、安全设施的完善以及工作氛围的和谐，以提高学徒的实习满意度和学习效果。安全感缺失可能导致学徒焦虑和不安，从而影响他们的学习积极性和效果。

学徒对同伴互动与团队合作氛围的满意度也会在很大程度上影响其学习积极性和社交能力。在现代学徒制中，同伴之间的互动和合作是学习过程的重要组成部分。良好的团队合作氛围能够促进学徒之间的知识分享和经验交流，增强其归属感和团队意识。通过团队合作，学徒不仅提高了自身技能，还培养了协作和解决问题的能力。因此，营造积极的团队合作氛围是提升学徒满意度的重要途径。

（二）师资力量满意度

在现代学徒制中，师资力量满意度是评估学徒满意度的重要指标。

其一，学徒对导师的专业知识水平的评价至关重要，因为导师在相关领域的丰富经验和技术掌握程度直接影响学徒的学习效果。导师不仅需要具备深厚的理论知识，还需在实践中展示自己的技术能力，以便学徒能够在实际操作中真正地提升技能。对导师专业水平的评估，可以帮助教育机构了解导师在教学中的优势和不足，从而有针对性地进行改进。

其二，学徒对导师的教学方法和风格的满意度是评价的重要方面。有效的教学方法和风格能够激发学徒的学习兴趣，促进学徒掌握技能。导师应善于运用多样化的教学策略，适应不同学徒的学习需求和风格。评估学徒对教学方法的满意度，可以帮助导师调整其教学策略，提升教学效果。此外，教学风格的多样性也有助于培养学徒的批判性思维和创新能力。

其三，导师在指导过程中的支持态度和沟通能力是影响学徒学习氛围和信任感的重要因素。良好的沟通能力和积极的支持态度能够营造开放、信任的学习环境，使学徒在学习过程中感受到关怀和支持。这种环境不仅有助于提高学徒的学习积极性，还能增强其对导师的信任，从而提高整体学习效果。评估导师的沟通能力和支持态度，可以帮助机构识别和改进影响学徒学习体验的因素。

其四，学徒对导师反馈的及时性和有效性的评价直接影响其学习进展和自信心。及时且有效的反馈能够帮助学徒迅速发现并纠正学习中的错误，从而促进其技能快速提升。导师应在教学过程中提供建设性的反馈意见，以激励学徒不断进步。通过评估反馈的及时性和有效性，评估机构可以确保导师在教学中保持高效的反馈机制，支持学徒的持续发展。

其五，导师在职业发展指导方面的帮助程度是学徒满意度评估的关键要素。导师不仅要在技能培养上发挥重要作用，还应在职业规划和职业素养的培养方面给予学徒支持。通过帮助学徒制定清晰的职业发展路径，导师能够增强学徒的职业信心和未来发展潜力。评估导师在职业发展指导方面的满意度，可以为学徒提供全面的支持，促进其职业生涯的成功。

三、现代学徒制下企业参与度评估

（一）企业参与度的重要性与衡量标准

企业参与度在现代学徒制实施中扮演着关键角色，它不仅决定了学徒在培训期间的学习效果，还直接影响其职业技能的发展与就业能力的提升。企业在学徒制实施中的参与程度，决定了学徒能够获得多少实际操作经验和行业知识。衡量企业参与度的标准之一是企业对学徒培训的资源投入情况，包括企业是否提供了足够的培训设施、是否有经验丰富的师资力量以及是否合理安排了指导时间。这些因素直接影响学徒在企业的学习质量和技能掌握程度。

企业参与度的另一个重要衡量标准是学徒在企业内的实际工作表现与反馈。评估学徒的工作表现，可以了解学徒在实际工作环境中应用所学知识的能力以及他们在企业文化和工作流程中的适应情况。同时，企业对学徒的反馈也能反映出学徒技能与企业需求的匹配度。只有当学徒的能力与企业的期望相符时，才能确保学徒在完成学徒制项目后具备良好的就业能力。

此外，企业与学校之间的沟通与合作频率也是衡量企业参与度的重要标准。企业和学校的良好互动能够促进学徒培养质量的提升。通过定期的沟通与合作，企业可以及时向学校反馈学徒在实践中遇到的问题，学校则可以根据企业的需求调整学徒的培养方案。这种双向的互动不仅有助于提升学徒的技能水平，还能加强学校与企业的合作，为未来的学徒制项目创造更好的条件。总之，企业参与度的高低直接影响到现代学徒制的实施效果，是评估学徒制成功与否的重要指标。

（二）企业参与学徒管理的深度分析

在现代学徒制的实施过程中，企业的参与度评估是一个关键的环节。企业在学徒管理中的深度参与，不仅影响学徒的培训效果，也关系到企业自身的长远发展。因此，深入分析企业在学徒管理中的角色与责任显得尤为重要。企业在参与学徒管理时，应首先明确各自的角色与责任，确保每个参与方都能对学徒培训的贡献与期望有清晰的认识。这样的明确性有助于提高管理效率，使企业更有效地利用资源，推动学徒制的成功实施。

企业参与学徒管理的深度分析包括对学徒的工作表现与职业发展的定期评估。这需要企业根据学徒的成长需求和市场变化，及时调整培训计划和指导策略。通过这样的动态调整，企业不仅能够帮助学徒更好地适应职业环境，还能确保培训内容的前瞻性和实用性。这种评估机制的建立能够使学徒在职业发展中获得更强的自主性和更大的成长空间，同时也提升了企业在行业中的竞争力。

企业与学校之间的沟通机制也是评估企业参与度的重要方面。定期组织联席会议，分享学徒的学习与工作反馈，是确保企业和学校在学徒培养上目标一致的有效途径。通过这样的沟通机制，企业可以及时了解学徒在学校的学习情况，并将其与工作表现相结合，形成全面的学徒评估体系。这不仅有助于优化学徒的培养方案，也能加强企业与学校之间的合作关系，形成更为紧密的教育与产业联动。

此外，企业应鼓励导师参与专业发展培训，以提升其指导能力和教学方法。导师在学徒制中扮演着至关重要的角色，他们的专业能力直接影响着学徒的技能提升和职业成长。因此，企业需要为导师提供持续的培训机会，帮助他们掌握最新的行业知识和教学技巧。通过这样的方式，企业不仅能够提高学徒的培训质量，也能为自身培养出更具竞争力的人才，从而在市场中占据有利地位。

（三）企业支持现代学徒制的资源投入

现代学徒制作为一种融合教育与工作的培训方式，要求企业在资源投入方面承担关键责任。企业应投入资金用于培训设施的建设与维护，以确保学徒能够在现代化的环境中接受有效的职业技能培训。现代化的培训设施不仅包括先进的设备和技术，还应涵盖安全的工作环境和舒适的学习空间。这些投入能够直接影响学徒的学习效果和职业能力的提升。因此，企业在资源投入方面的积极性和力度，将直接关系到现代学徒制的实施效果和学徒的职业发展。

企业在支持现代学徒制过程中，需配置经验丰富的导师，这是提升培训质量的关键因素。经验丰富的导师不仅能够传授专业技能，还能在职业素养、职业道德等方面为学徒提供指导。导师的专业背景和教学能力直接影响学徒的成长速度和质量。企业应重视导师的选拔与培训，确保其具备最新的行业知识和教学技巧。通过导师的专业指导，学徒能够更好地理解行业动态和工作流程，从而在实际工作中表现出色。企业在此方面的投入不仅是对学徒的培养，也是对企业未来发展的重要投资。

为了确保学徒在现代学徒制中的成长，企业应为学徒提供充足的指导时间。这意味着导师需要有足够的时间和精力专注于学徒的技能发展与职业素养的培养。充足的指导时间可以帮助学徒更好地理解和应用所学知识，快速适应工作环境，并提升自身的职业能力。企业应合理安排导师的工作时间，避免因其他工作任务而影响对学徒的指导。通过充足的指导时间，学徒能够获得更全面的职业培训，从而在未来的职业生涯中具备更强的竞争力。

（四）企业在学徒培训中的合作机制

企业在学徒培训中的合作机制是现代学徒制实施过程中至关重要的环节。企业应建立定期的沟通机制，与学校共同制订学徒培训计划，确保双方在目标、内容及实施方案上达成一致。这种紧密的合作不仅有助于明确各自的责任和期望，还能通过有效的沟通和协调，及时解决在培训过程中出现的问题，确保学徒制的顺利推进。通过这种机制，企业和学校能够形成合力，共同推动学徒的全面发展。

企业可通过参与课程设计，确保培训内容与实际工作需求相匹配，提升学徒的职业技能与就业能力。这一过程要求企业充分发挥其在行业中的专业优势，参与到课程的开发和设计中，确保学徒所学内容与企业实际需求紧密结合。通过这种方式，学徒能够在学习过程中获得更具针对性的技能培训，在进入职场时更加得心应手。这不仅有助于学徒个人职业生涯的发展，也为企业培养出更符合其需求的未来员工。

企业应提供实习机会，允许学徒在真实工作环境中应用所学知识，增强其实践能力和职业素养。实习环节是学徒制中不可或缺的一部分，它为学徒提供了一个将理论知识转化为实践能力的平台。在真实的工作环境中，学徒可以更好地理解行业运作，掌握职业技能，并培养职业素养。这种实践经验的积累对于学徒未来的职业发展至关重要，同时也为企业注入了新鲜的活力和创新的思维。

企业还应定期组织评估会议，邀请学校及行业专家共同参与，分析学徒的表现并提出改进建议，以优化培训效果。通过这种评估机制，企业不仅能够全面了解学徒的学习进展和表现，还可以借助外部专家的视角，发现培训中的不足之处并进行改进。这种开放的评估方式促进了企业与学校之间的良性互动，确保学徒制培训的高效性和针对性，为学徒的职业发展创造更为有利的条件。

四、现代学徒制下师傅教学质量与指导能力评估

（一）师傅教学质量评估指标

师傅教学质量评估指标是现代学徒制评估的重要组成部分，旨在确保学徒

在学习过程中获得高质量的指导和教育。

首先，师傅的专业知识水平是评估的核心要素之一。这不仅包括师傅在相关领域的经验和技能掌握程度，还涉及其在行业中的认可度。拥有丰富经验和高水平专业知识的师傅能够为学徒提供更为深入的指导，使其在学习过程中受益匪浅。此外，师傅的教学方法与风格也是衡量教学质量的重要指标。有效的教学方法能够激发学徒的学习兴趣，提高其参与度，从而收到更好的学习效果。

其次，在教学过程中，师傅的支持态度对学徒的成长至关重要。评估时需关注师傅能否及时给予学徒鼓励和反馈，是否具备良好的沟通能力。支持性指导可以增强学徒的自信心和学习动力，使其在职业发展中更具竞争力。同时，师傅对学徒职业素养的培养能力也是评估的重要方面，包括培养学徒的工作态度、责任感以及职业形象的塑造。具备良好职业素养的学徒在未来的职业生涯中将更具优势，而这离不开师傅的悉心培养。

最后，师傅在评估学徒学习成果时的客观性与公正性也是评估的重要内容。确保评估标准的透明性和一致性，不仅有助于维护学徒的权益，也能促进师徒双方的信任。客观公正的评估体系能够真实反映学徒的学习成果，为其后续的职业发展提供有力支持。在现代学徒制中，师傅的教学质量与指导能力评估不仅关系到学徒的学习效果，还对整个学徒制的实施成效产生深远影响。因此，制定科学合理的评估指标，对于提升现代学徒制的整体质量具有重要意义。

（二）师傅指导能力的评价方法

师傅指导能力的评价方法在现代学徒制中至关重要。有效的评价方法不仅能提升师傅的指导水平，还能促进学徒的全面发展。

其一，师傅教学方法的多样性是评价的重要标准之一。现代学徒制要求师傅能够运用不同的教学策略，适应学徒的多样化学习风格与需求。这种多样性不仅体现在教学内容的设计上，还体现在教学形式的灵活运用上。例如，师傅可以通过小组讨论、实践操作以及案例分析等多种方式，帮助学徒更好地理解和掌握所学技能。通过多样化的教学方法，师傅能够更有效地激发学徒的学习兴趣和动机，从而提高学习效果。

其二，在实际操作中的示范能力是评估师傅指导能力的关键因素之一。师傅在传授技能时，不仅需要具备扎实的专业知识，还需具备清晰的表达能力和有效的示范技巧。示范能力的高低直接影响到学徒对技能的理解和掌握程度。具体来说，师傅在进行操作示范时，应当注重步骤的清晰性和逻辑性，以确保学徒能够准确地跟随和模仿。此外，师傅还应在示范过程中解释每一步的目的和注意事项，使学徒在理解的基础上进行实践操作。这种清晰有效的示范不仅能够提高学徒的技能水平，还能增强他们的自信心。

其三，师傅对学徒个体差异的关注程度是现代学徒制中个性化教育理念的重要体现。在指导过程中，师傅应根据学徒的不同背景和能力进行个性化辅导，以满足每位学徒的独特需求。这就要求师傅具备敏锐的观察力和灵活的调整能力，能够及时识别学徒的优势和不足，并制订相应的指导计划。通过个性化的辅导，师傅能够帮助学徒更好地发挥自身潜力，克服学习中的困难，从而实现更高水平的个人发展。

其四，师傅在激励学徒方面的能力是指导能力评价不可或缺的部分。师傅给予学徒鼓励与支持，可以显著提升学徒的自信心和学习动力。有效的激励不仅包括语言上的鼓励，还包括通过制定挑战性目标和提供适当的奖励机制来激发学徒的学习热情。师傅在激励过程中应注重因材施教，根据学徒的个性特点和学习进展，采用灵活多样的激励方式。这样，师傅能够有效地提升学徒在学习过程中的积极性和主动性，从而实现更好的学习效果。

第三节　现代学徒制的评估方法

一、现代学徒制的定性评估方法

（一）访谈法

访谈法是一种常用的定性评估工具，对现代学徒制评估有着至关重要的作用。通过与学徒、导师和企业管理人员进行深入对话，评估者能够获取他们对现代学徒制实施效果的真实反馈和感受。访谈法不仅仅是简单的信息收集，更是通过面对面的交流，捕捉到参与者在学徒制中的真实体验和情感反应，从而为评估提供不可替代的质性数据。这些数据有助于深入理解学徒在不同环境下的学习表现和适应情况，为后续的评估和改进提供重要的参考。

访谈法能够有效揭示学徒在学习过程中遇到的具体困难和挑战。通过与学徒对话，评估者可以识别出教学和培训过程中存在的瓶颈和障碍。这一过程不仅有助于发现学徒在技能掌握上的不足，还可以揭示出教学方法或企业环境可能存在的问题。通过对这些信息的分析，教育机构和企业可以有针对性地调整教学策略和环境设置，以更好地支持学徒的成长和发展。

访谈法作为一种灵活的评估工具，能够根据受访者的反馈调整问题设置，从而深入探讨特定主题。这种灵活性使访谈法能够在评估过程中不断适应新的信息和背景变化，确保评估的深度和广度。通过灵活调整问题，评估者可以更深入地了解某些特定领域存在的问题，如学徒在掌握某项技能的过程中遇到的具体困难以及导师的指导经验和建议。

访谈法还有助于建立信任关系，使受访者更愿意分享个人经验和见解。通过建立这种信任关系，评估者在访谈中可以获得更为翔实和真实的信息，这对于评估现代学徒制的效果至关重要。受访者在自己信任的环境中更可能坦诚地讨论他们的真实感受，包括他们的成功和失败、满意和不满。这种开放的交流为评估者提供了更为丰富的背景信息，帮助他们全面地理解现代学徒制的运作和影响。

访谈法的定性数据可以与定量评估结果相结合，为现代学徒制的评估提供全面和更立体的视角。通过将定性数据与定量数据进行对比和整合，评估者可以更准确地把握学徒制的整体效果。这种综合评估方法不仅能揭示学徒制在不同维度上的表现，还能为其未来的发展和改进提供有力的依据和方向。通过这种全面的评估，学徒制的实施者可以更好地理解其复杂性和多样性，从而制定出更有效的策略和措施。

（二）参与观察法

参与观察法是一种广泛应用于现代学徒制评估的定性方法，其核心在于直接观察学徒在真实工作和学习环境中的行为，从中获取关于其技能掌握和职业素养的第一手资料。这种方法强调观察者的主动参与，通过融入学徒的工作环境，评估人员能够全面地理解学徒在实际操作中的表现。参与观察法不仅关注学徒完成任务的结果，还重视他们在完成任务的过程中表现出的解决问题能力、团队合作精神和自我管理水平。这种方法的优势在于能够捕捉到学徒在不同情境下的自然反应，从而为评估其综合能力提供了丰富的素材。

通过参与观察法，评估人员可以深入观察导师与学徒之间的互动，以此来评估指导质量和反馈机制的有效性。在现代学徒制中，导师扮演着至关重要的角色，他们不仅传授专业技能，还通过反馈帮助学徒不断改进。参与观察法使评估人员能够直接观察导师的指导方式、沟通技巧以及与学徒的互动质量。这种观察能够揭示出导师在指导过程中可能存在的不足，从而为改进导师培训和提高指导效果提供依据。同时，评估人员还可以通过观察学徒对导师反馈的接受程度来判断其学习态度和适应能力。

参与观察法的重要功能是允许评估人员实时记录学徒在特定情境下的反应和适应能力。这种实时记录能够捕捉学徒在学习过程中的关键时刻，如他们如何应对突发问题、如何在压力下完成任务以及如何在团队中发挥作用。这种动态记录为评估学徒的反应能力和适应性提供了重要依据，帮助评估人员识别出学徒在职业发展中可能遇到的挑战。此外，参与观察法还可以通过记录学徒在不同任务中的表现为其职业发展路径提供指导。

参与观察法为评估提供了一个动态的视角，使评估人员能够根据观察到的情况及时调整评估策略和方法。这种灵活性使评估过程更具针对性和实效性，能够更好地反映学徒的真实学习状态。通过动态调整，评估人员可以在学徒的学习过程中及时为学徒提供反馈和支持，帮助学徒在实践中不断成长。这种方法不仅提高了评估的准确性和可靠性，还为学徒制项目的持续改进提供了有力支持。参与观察法在现代学徒制评估中的应用，不仅丰富了评估手段，也为推动学徒制的发展提供了重要保障。

（三）焦点小组讨论法

焦点小组讨论法在现代学徒制的评估中扮演着关键角色。通过小组成员的互动，这一方法能够促使不同观点相互碰撞，深入挖掘学徒制实施过程中潜在的问题与改进建议。与传统的单向评估方式不同，焦点小组讨论法强调多元化的交流，能够在讨论中揭示出学徒制的复杂性和多层面特征。参与者在互动中不仅分享个人的见解，还能通过倾听他人的观点，形成对学徒制实施的全面认识。

焦点小组讨论法的优势在于其能够提供多样化的视角。它通过整合学徒、导师和企业代表的意见，形成对现代学徒制评估的综合理解。这种多角度的分析有助于识别学徒制实施的优势和劣势，为其进一步优化提供可靠的依据。不同背景的参与者在讨论中分享各自的经验和看法，使得评估结果更具说服力和实用性，从而为决策者提供更为科学的建议。

在非正式环境中进行的焦点小组讨论法，能够有效缓解参与者的紧张情绪，鼓励他们自由表达个人观点和体验。这种放松的氛围有助于激发参与者的创造性思维，使得讨论更加深入和广泛。通过这样的方式，评估者可以获得更为真实和全面的信息，为现代学徒制的改进提供切实可行的建议和策略。

通过焦点小组讨论，评估者可以识别出学徒在学习过程中面临的共同挑战和获得的成功经验，为评估提供实证支持。这种方法不仅帮助评估者理解学徒在实际操作中存在的困难，还能通过分享成功经验，激励其他学徒克服困难，取得进步。实证支持的存在使得评估结果更具科学性和权威性，为学徒制的持续改进提供了强有力的保障。

焦点小组讨论法还可以促进参与者之间相互学习，增强团队合作精神，提升学徒在实际工作环境中的适应能力和沟通技巧。通过讨论，学徒们可以借鉴他人的经验，反思自身的不足，从而提高自身的职业素养和技能水平。这种互动学习的过程不仅有助于个人职业能力的提升，还能为企业培养出更加优秀的专业人才。

二、现代学徒制的定量评估方法

（一）问卷调查法

问卷调查法作为一种常用的定量评估工具，在现代学徒制的评估中具有重要的应用价值。通过精心设计的问卷，评估者能够快速收集大量来自学徒、导师和企业的反馈信息。这种方法的优势在于能够以系统化的方式进行数据的收集、分析和总结，从而为评估现代学徒制的实施效果提供科学依据。问卷调查法不仅可以帮助评估者了解学徒在培训期间的体验和收获，还能为优化学徒制的各个环节提供依据。

在设计问卷时，需要涵盖多个维度，以全面反映学徒制的效果。具体而言，问卷应包括学徒的学习满意度、技能掌握情况以及职业发展预期等方面的内容。通过对这些维度的调查，评估者可以全面了解学徒在培训中的成长和变化，评估学徒制在促进职业技能提升和职业发展方面的实际效果。此外，这种多样性也有助于揭示不同群体在学徒制中的体验差异，为后续的改进提供参考。

对收集到的定量数据进行分析，可以揭示学徒在培训过程中的普遍趋势和存在的问题。这种分析不仅能够为学徒制的优化提供数据支持，还可以帮助评估者识别出培训中可能存在的系统性问题。根据数据驱动的分析，教育机构和企业可以更有针对性地调整培训方案，确保学徒制的实施更符合学徒和企业的需求。

问卷的匿名性是提高数据有效性和可靠性的关键因素。匿名性可以鼓励参与者真实地表达自己的意见，减少社会期望偏差的影响。在没有身份识别的情况下，学徒和导师更愿意分享他们的真实想法和感受。这种真实反馈对于评估学徒制的实施效果至关重要，因为它能够反映出培训中存在的真实问题和学徒的真实需求，从而为改进学徒制提供有价值的参考。

调查结果的呈现形式也非常重要。以图表和统计数据的形式展示调查结果，可以使信息更加直观易懂。这种可视化的呈现方式不仅有助于数据的被理解和传播，还能促进各方对现代学徒制的重视与支持。通过清晰的图表和数据展示，企业和教育机构可以更直观地看到学徒制的实施成效和需要改进的地方，从而推动学徒制进一步发展和完善。

（二）数据统计法

数据统计法在现代学徒制的评估中扮演着不可或缺的角色。通过对学徒的学习成绩和技能掌握情况进行量化分析，评估者能够识别学徒在培训过程中的进步与不足。这种方法不仅提供了一种客观评价学徒学习效果的途径，还为教育者和培训机构提供了明确的反馈机制。通过细致的数据分析，教育者和培训机构可以追踪学徒在不同学习阶段的表现，揭示他们的强项与短板，从而有针对性地调整教学策略，增强培训效果。

此外，数据统计法还可以对学徒的就业率、职业发展速度等关键指标进行监测。通过对这些指标的量化分析，教育机构和企业可以更清晰地评估现代学徒制的实际效果。这些数据不仅为学徒制的持续改进提供了客观依据，也为政策制定者和教育研究人员提供了重要参考。就业率和职业发展速度不仅反映了学徒在职场上的适应能力和成长速度，也间接体现了培训计划的有效性和针对性。

数据统计法的一个重要应用是分析学徒在不同阶段的学习效率，从而识别出影响学习成果的关键因素。这种分析可以揭示出哪些因素可能阻碍或促进学徒的学习进程，为后续的教学改进提供数据支持。通过对学习效率的深入分析，教育者可以更好地理解学徒的学习需求和学习障碍，从而设计出更有效的教学方法和评估机制。

（三）考试测评法

考试测评法是指通过标准化测试来评估学徒的职业技能掌握情况，其在现代学徒制评估中扮演着重要角色。这种方法的核心优势在于客观性与一致性，能够有效避免人为偏见对评估结果的影响。标准化测试通常包括一系列预先设计好的题目，确保所有学徒在同等条件下接受评估。这一过程不仅有助于衡量学徒的实际能力，还为教育机构和企业提供了可靠的参考依据，确保了评估的公平性和透明度。

在考试测评法中，题目的设计是关键环节。将选择题、填空题和操作题等多种题型进行组合，可以全面考查学徒在理论知识与实际应用方面的能力。选择题能够快速评估学徒对基础知识的掌握情况，而填空题则考验学徒对知识点的理解和记忆能力，操作题则更进一步，要求学徒在模拟或真实的工作场景中展示其技能和应变能力。这样的多维度考查有助于全面评估学徒的综合素质，为其后续的学习和发展提供重要的参考。

考试测评法不仅是评估工具，同时也是学徒学习的重要反馈机制。通过考试结果，学徒能够明确自身的学习目标，识别出自己的优势与不足。这种自我认知的过程能够有效激发学徒的学习动机，促使其在未来的学习中更加努力和专注。同时，教育机构和企业可以根据考试结果，为学徒提供有针对性的指导和支持，帮助其在职业生涯中实现更好的发展。

考试测评法的结果还可以作为企业招聘与选拔学徒的重要依据。在评估学徒的职业素养与适应能力时，企业需要一个客观且可靠的标准，考试测评法正好满足了这一要求。通过对学徒考试成绩的分析，企业可以更准确地判断学徒是否具备所需的职业能力和素质，从而做出更为明智的招聘决策。这不仅提高了招聘效率，也为企业的长期发展奠定了坚实的人才基础。

为了提高考试测评法的实用性和有效性，设计时应结合实际工作场景，确保测试内容与学徒未来职业需求的相关性。这样，测评不仅是对学徒现有能力的检验，还是对其未来职业发展的指导。通过模拟真实的工作环境，学徒能够更好地理解所学知识的实际应用价值，从而在职业生涯中更加游刃有余。这种实践导向的测评设计，使得考试结果更具参考价值，为学徒和企业带来了实质性的益处。

三、现代学徒制的综合评估方法

（一）层次分析法

层次分析法（Analytic Hierarchy Process，AHP）是一种系统化的决策方

法。它通过构建层次结构模型，将复杂问题分解为多个层次和要素，从而对问题进行系统分析和决策。层次分析法的核心在于构建判断矩阵，并运用矩阵特征值和特征向量的方法，计算各要素的相对权重。该方法在现代学徒制评估中具有重要的应用价值，因为它能够将复杂的评估问题结构化并量化处理，从而为科学决策提供有力支持。

层次分析法的基本概念包括目标层、准则层和方案层。在现代学徒制评估中，目标层通常是实现学徒制的整体效果评估，准则层可以包括教学质量、技能掌握情况、学徒满意度等多个维度，而方案层则是具体的评估对象，如不同的学徒项目或不同的实施阶段。层次分析法可以系统地分析各个评估维度的相对重要性，并对不同方案进行综合评价。这种方法的应用有助于全面了解现代学徒制的实施效果，从而为其后续的改进和优化提供科学依据。

在现代学徒制评估中，确定各评估指标的权重是一个关键步骤。层次分析法提供了一种科学的方法来进行权重分配。通过构建判断矩阵，专家可以对不同指标的重要性进行两两比较，从而得到各指标的相对权重。这种方法不仅考虑了专家的主观判断，还通过一致性检验来保证判断的合理性。合理的权重分配能够确保评估结果的客观性和科学性，从而为现代学徒制的改进提供有力支持。

现代学徒制评估涉及多个维度，如教学效果、技能提升、就业率等。层次分析法通过构建层次结构模型，可以将这些维度有机地结合在一起，进行综合分析。通过计算各个维度的综合得分，决策者可以全面了解学徒制的实施效果。这种多维度的综合分析不仅能够识别出学徒制的优势，还能够发现潜在的问题，从而为学徒制进一步的改进提供指导。

（二）模糊综合评价法

模糊综合评价法是在现代学徒制评估中广泛应用的一种技术方法。它的基本原理是模糊数学，主要用于处理评估过程中出现的不确定性和模糊性问题。在现代学徒制评估中，由于涉及的因素复杂多样，传统的评价方法难以全面反映各个指标之间的模糊关系。而运用模糊综合评价法，就可以有效地将这些模糊因素进行量化处理，使评估结果更加贴近实际情况。模糊综合评价法的构建框架通常包括确定评估指标体系、建立模糊关系矩阵、进行模糊运算等。这一方法的引入，为现代学徒制评估提供了一种科学、系统的路径。

在现代学徒制的具体评估应用中，模糊综合评价法能够综合考虑多种评估指标，形成全面的评价结果。现代学徒制涉及教育机构、企业、学徒等多个利益相关方，每一方可能关注不同的评估维度。模糊综合评价法通过对不同指标进行模糊化处理，将各方的关注点纳入统一的评估框架中，从而生成一个综合性的评估结果。这一结果不仅能够反映学徒在技能掌握、职业素养等方面的综合表现，还能够揭示教育机构和企业在合作中的优势与不足，为进一步优化现代学徒制提供数据支持。

模糊综合评价法还可以通过协调不同评估主体的评价结果，促进各方达成共识。在现代学徒制的实施过程中，学校和企业往往有各自的评估标准和关注重点，而政府则需要从宏观层面进行指导和监督。模糊综合评价法通过建立统一的评估指标体系和模糊运算规则，使得各主体的评价结果在一个平台上进行比较与融合。这种方法不仅提升了评估的一致性，还为各方在政策制定、合作机制改进等方面达成共识提供了科学依据。

在评估过程中，模糊综合评价法的数据处理与分析方法尤为重要。该方法强调对模糊信息进行有效提取与利用，这直接关系到评估结果的准确性和可靠性。构建合理的模糊关系矩阵和运用适当的模糊运算方法，可以最大限度地减少信息损失，提升评估结果的精度。此外，模糊综合评价法还可以结合现代信息技术手段，如大数据分析和人工智能模型，进一步提高评估的效率和科学性。这种结合不仅拓展了模糊综合评价法的应用范围，也为现代学徒制评估提供了更多的创新思路。

四、现代学徒制的过程评估方法

（一）过程评估的实时监测机制

1. 建立实时数据收集系统

为了确保学徒在工作和学习中能够持续进步，建立一个实时数据收集系统是必不可少的。通过这个系统，学校和企业能够定期监测学徒的表现，并根据数据分析结果及时调整培训策略。这种动态调整不仅有助于优化培训效果，还能帮助学徒在遇到困难时迅速获得支持。实时数据收集系统的有效运作离不开先进技术的支持，它能够自动化地收集和处理大量数据，提供精准的分析结果。

2. 设立关键绩效指标（KPI）

通过设立关键绩效指标，学校和企业可以对学徒的技能掌握情况和工作效率进行定量评估，确保培训目标的达成。KPI的设定需要结合行业标准和企业需求，以全面反映学徒的实际能力和发展潜力。在评估过程中，KPI不仅仅是衡量学徒表现的工具，更是指导培训方向的重要依据。通过对KPI的分析，学校和企业可以识别出学徒在不同阶段的优势和不足，从而为后续的培训计划提供数据支持。

3. 数字化工具的应用

学徒可以利用这些工具随时记录自己的学习进度和在学习中遇到的问题，这不仅促进了学徒进行自我反思，也为导师提供了及时了解学徒状态的渠道。实时反馈的优势在于它的即时性和互动性，学徒和导师之间可以通过数字平台进行有效的沟通和交流。这样的机制不仅提高了学徒的学习效率，也增强了学徒的自主学习能力，使他们在培训过程中更加积极主动。

4. 定期的现场观察

通过观察，评估人员可以直接了解师傅对学徒的指导质量和教学方法的有效性。现场观察提供了一个真实的视角，使评估结果更加客观和全面。观察的重点在于指导过程的透明度和教学方法的适用性，对这些方面的评估可以为师傅的教学改进提供实质性的建议，从而提升整体培训质量。

（二）评估中利益相关者的持续参与

在现代学徒制的评估过程中，利益相关者的持续参与是确保评估有效性和公正性的关键因素。利益相关者包括学徒、企业和学校，他们在现代学徒制的实施中扮演着重要角色。建立利益相关者的反馈机制，可以确保各方能够及时表达对评估结果的意见与建议。这种机制不仅有助于收集多样化的观点，还能在评估过程中及时调整策略，满足各方的需求。利益相关者的反馈是评估体系不可或缺的部分，它为评估提供了多维度的视角，使评估结果更具说服力和实用性。

定期召开利益相关者会议是促进各方对评估过程的理解与支持的重要手段。通过面对面的交流，利益相关者可以更深入地了解评估的目的、标准和流程，从而增强对评估工作的信任与支持。这样的会议为利益相关者提供了一个开放的平台，提升了透明度，促进了信息共享。各方在会议中不仅可以提出问题和建议，还可以通过协商达成共识，增强合作意愿。通过这种方式，利益相关者的参与感和责任感得到了提升，为现代学徒制的顺利实施奠定了基础。

利用在线平台或社交媒体收集利益相关者的反馈，是提升评估透明度和参与度的创新举措。在线平台和社交媒体具有广泛的覆盖面和很强的即时性，能够迅速收集到来自不同利益相关者的反馈信息。这种方式不仅降低了沟通成本，还能实时更新评估进展，增加评估的透明度。利益相关者可以随时随地参与评估过程，提出自己的看法和建议，从而提高评估的全面性和准确性。通过这种方式，评估工作变得更加开放和民主，增强了各方对评估结果的信任。

为利益相关者提供培训，帮助他们理解评估标准与流程，是提高参与评估有效性的重要措施。利益相关者在评估中扮演着不同的角色，他们对评估的理解和参与程度直接影响评估的质量。通过系统的培训，利益相关者可以更好地掌握评估的核心标准和流程，提高参与评估的能力和信心。这不仅有助于提升评估的专业性，还能增强利益相关者对现代学徒制的认同感和责任感，推动评估工作顺利开展。

建立激励机制，鼓励利益相关者积极参与评估活动，是提升他们对现代学徒制的认同感的有效途径。激励机制可以采取多种形式，如表彰积极参与者、提供物质奖励或发展机会等。这些措施能够激发利益相关者的积极性，使他们更加主动地参与评估过程。通过激励机制，利益相关者不仅能够感受到自身参与的价值，还能增强对现代学徒制的归属感和责任感。这种认同感的提升，将进一步促进现代学徒制的有效实施和持续发展。

第四节　现代学徒制评估结果的应用

一、现代学徒制评估结果在教育教学改进中的应用

（一）评估结果对教学计划调整的指导

评估结果在教学计划调整中起着关键的指导作用。通过深入分析评估结果，教育者能够识别出学徒在特定技能领域的不足。这不仅有助于明确学徒在职业能力上的短板，还能够为教学计划的调整提供科学依据。针对这些不足，教学计划可以增加更有针对性的培训内容，确保学徒在未来的职业生涯中具备必要的技能和知识。这种调整不仅提高了教学的有效性，也显著提升了学徒的职业竞争力。

评估结果可以用来评估学徒对课程内容的满意度，这一信息对于优化课程

设计至关重要。通过对评估结果的分析，教师能够更好地理解学徒在学习过程中遇到的困难和挑战，从而调整课程内容，使其更符合学徒的实际需求。这种课程设计的优化不仅提升了学徒的学习体验，也确保了教学内容的实用性和相关性，最终促进了学徒全面发展和成长。

评估结果提供了学徒在实际工作环境中的表现反馈，教师可以利用这些反馈信息来调整教学策略，尤其是实践环节的设计。这一调整过程旨在增强学徒的实操能力，使其能够在真实的工作环境中更加自如地应用所学技能。通过优化实践环节，教师可以在教学中更好地模拟真实的工作场景，从而提高学徒的实际工作能力和适应力，为他们未来的职业发展打下坚实的基础。

评估结果还揭示了不同学徒群体的学习风格和需求差异，教师可以根据这些差异，调整教学方法，实施个性化教学。这种个性化的教学策略不仅可以满足不同学徒的学习需求，还能显著提升整体学习效果。通过有针对性地调整教学方法，教师能够更有效地激发学徒的学习兴趣和动力，帮助他们在学习过程中取得更大的进步和成就。这种以学徒为中心的教学方法，是现代学徒制教育教学改进的重要方向。

（二）评估结果在教学资源配置中的应用

在现代学徒制的实施过程中，评估结果在教学资源配置中的应用具有重要意义。评估结果不仅为教育机构提供了对于学徒学习效果的详细反馈，而且为优化教学资源的分配提供了数据支持。通过对评估结果的深入分析，学校能够识别出学徒在技能掌握上的薄弱环节，从而将更多的资源投入这些领域。资源的重新分配不仅有助于提升学徒的整体培训效果，还确保了教学资源的高效利用。

评估结果的应用体现在对课程和培训模块的调整上。通过分析评估数据，学校可以识别出哪些课程或培训模块的学习效果不尽如人意。基于此，教育机构可以调整资源配置，增加对这些领域的教学支持和材料投入。例如，某些课程可能需要增加实践环节或提供更多的在线学习资源，以帮助学徒更好地掌握相关技能。这样的调整确保了教学资源的使用更加符合实际需求，提升了教育教学的整体质量。

此外，评估结果也为了解学徒对不同学习资源的偏好提供了依据。通过评估，学校可以获得学徒在教材、在线课程及实习机会等方面的偏好数据。这些信息对于优化教学资源的配置至关重要。学校可以根据学徒的实际需求，调整教材内容，增加在线课程的互动性，或提供更多的实习机会，以更好地支持学徒的学习。这不仅提升了学徒的学习体验，也增加了教学的有效性。

基于评估结果，学校可以制订更具针对性的师资培训计划。评估数据揭示了教师在学徒制实施中的指导能力和效果。通过分析这些数据，学校可以识别教师在指导学徒过程中存在的不足，并制订相应的培训计划，以提升教师的指导能力。这不仅有助于加大对学徒职业发展的支持力度，也促进了教师专业能力持续提升，从而形成一个良性循环，推动现代学徒制健康发展。

（三）评估结果对教师教学方法改进的推进

评估结果在现代学徒制中扮演着关键角色，尤其是在推动教师教学方法改进方面。评估结果为教师提供了具体的反馈，帮助其识别教学中的不足之处，从而推动教师有针对性地改进教学策略和方法。这种反馈机制不仅提升了教师的教学能力，也为学徒提供了更为有效的学习路径。例如，通过分析评估结果，教师可以发现某些教学方法在特定情境下的局限性，并据此调整策略，更好地满足学徒的学习需求。这种动态的教学调整不仅有助于提高教学效果，还能增强学徒的学习积极性和参与度。

通过深入分析评估结果，教师可以更好地设计课堂活动，增强学徒的参与感和实践能力。评估结果往往揭示了学徒在不同学习领域的需求，教师可以据此优化课程内容，以确保其与学徒的职业发展目标紧密结合。例如，评估结果可能显示学徒对某一特定技能的掌握程度不足，教师便可在后续教学中增加相关实践活动，帮助学徒更好地掌握该技能。这种基于评估结果的教学调整，不仅可以提高学徒的实践能力，还能使教学内容更贴近实际工作需求。

评估结果还促进了教师之间的经验分享与合作，形成了良好的教学团队文化。教师分享评估中获得的见解和经验，并相互学习，可以提高整体教学质量。团队教学模式不仅可以提升学徒的学习体验，还能为教师提供一个交流和学习的平台。通过合作，教师可以共同开发更为有效的教学策略，解决教学中的难题，从而提升整个现代学徒制项目的质量。这种合作文化有助于形成不断学习和创新的教学环境，最终受益的是学徒和教育机构。

（四）评估结果助力学徒个性化学习计划制订

评估结果在帮助学徒制订个性化学习计划方面有着重要的应用价值。通过详细分析评估结果，学徒可以获得清晰的技能提升方向，这对于他们制订符合自身职业目标的学习计划尤为关键。评估结果不仅为学徒提供了对当前技能水平的客观分析，还为他们指明了未来发展的路径，使得学习计划的制订更具针对性和实效性。

借助评估结果，学徒能够识别自己在不同领域的强项与弱项。这种识别能力使他们可以有针对性地选择培训内容和学习资源，从而实现学习效果的最大化。比如，在某些领域表现突出的学徒可以选择更高级的课程来进一步提升，而在某些领域相对薄弱的学徒则可以选择基础课程进行补强。这种基于评估结果的学习选择不仅提高了学习效率，也增强了学徒的自信心和学习动力。

评估结果的反馈机制是现代学徒制的一大特色，它使学徒能够实时调整学习策略，以适应不断变化的行业需求和个人发展目标。在快速变化的职业环境中，学徒需要不断更新和调整自己的技能组合，以保持竞争力。评估结果的及时反馈帮助学徒在学习过程中做出必要的调整，从而确保他们的学习方向始终与行业趋势和个人目标保持一致。

结合评估结果，学徒还可以与导师共同制订个性化的学习计划。这种合作不仅确保了学习过程中的指导与支持更加精准有效，也促进了学徒与导师之间的沟通和理解。导师可以根据评估结果，为学徒提供更有针对性的建议和支持，帮助学徒克服学习中遇到的困难，确保他们在学习过程中获得最佳的发展机会。这种个性化的学习计划不仅提升了学徒的学习体验，也为他们的职业发展奠定了坚实的基础。

二、现代学徒制评估结果在评奖评优活动中的应用

（一）评估结果在评奖评优标准制定中的应用

评估结果在评奖评优标准制定中具有重要作用。通过对学徒在培训过程中所获得的技能和职业素养的评估，评审委员会可以获得客观的量化依据。这种量化依据不仅有助于评审人员进行公正的评定，还能够确保评选过程的透明和公平。评估结果提供的数据能够帮助评审人员识别学徒在不同阶段的技能掌握情况，从而为评奖评优活动提供强有力的支持。尤其是在现代学徒制框架下，学徒的职业素养与技能水平是评奖评优的重要考量因素，评估结果的量化数据可以有效地反映学徒的实际表现。

通过评估结果，评奖评优标准中的关键指标得以明确。这些指标不仅要涵盖学徒在职业技能方面的表现，还应包括他们在工作态度、团队合作能力等职业素养方面的表现。确保这些标准与学徒制实施效果的相关性和有效性，是评奖评优活动成功的关键。评估结果提供的数据分析能够揭示学徒在培训过程中所取得的进步和成就，从而为评奖评优标准的制定提供科学依据。通过这种方式，评奖评优活动能够更好地反映学徒的实际能力和素质。

对评估结果的分析有助于识别优秀学徒的特征，这些特征包括但不限于学徒在特定技能领域的突出表现、在团队中的领导能力以及在解决实际问题时展现的创新能力。通过识别这些特征，评奖评优活动可以制定出更具针对性和可操作性的评选标准。这不仅有助于激励学徒在培训过程中不断提升自我，还能够引导他们在职业生涯中追求更高的目标和成就。

利用评估结果，可以在评奖评优活动中设立不同层次的奖项。这些奖项的设置应当考虑到学徒的职业技能和综合素质的全面发展。例如，可以设立技能标兵奖、创新贡献奖、团队合作奖等，表扬学徒在不同方面的卓越表现。这种多层次的奖项设置不仅能够涵盖学徒在职业发展中的多元表现，还能够激发他们在各个方面的潜力和创造力。这样，评奖评优活动能够更好地促进学徒的全面发展和职业成长。

（二）利用评估结果提升评奖评优活动的透明度

评估结果的公开透明在现代学徒制的评奖评优活动中起到了至关重要的作用。通过将评估结果以透明的方式发布，所有参与者都能及时获取与评奖评优相关的信息。这种信息的公开不仅提高了活动的可信度，还确保了每个参与者都站在同一起跑线上，减少了信息不对称可能带来的误解和质疑。透明的评估结果发布机制使学徒和相关方能够清晰地看到评选过程中的每个环节，从而对最终结果有更高的认可度和接受度。

设立评奖评优的标准化流程是提升评选活动透明度的一个重要举措。现代学徒制的评估结果为标准化流程的制定提供了有力的依据。在评选过程中，利用这些结果可以确保评选的公正性与一致性。标准化流程不仅有助于消除主观偏见，还能在评选过程中提供明确的指引，使评选活动能够在一个统一的框架下进行。这种标准化的评选流程为所有参与者提供了清晰的预期，并且通过减少人为干预，进一步提升了活动的透明度。

通过评估结果的定期反馈，学徒和相关利益方能够及时了解评选进展。这种定期的反馈机制不仅增强了各方的参与感，还提升了他们对评选活动的信任度。参与者能够通过反馈了解自身在评选中的表现以及与评选标准的差距，从而在未来的活动中进行相应的调整和改进。这种反馈机制还促进了学徒与组织之间的沟通和互动，使得评选活动不仅仅是一个结果的展示过程，更是一个持续改进和发展的过程。

建立评奖评优的独立监督机制，是确保评估结果客观性的重要环节。独立的监督机制可以有效减少人为干预与偏见，确保评选活动的公正性。监督机制的存在使得评估结果的使用更加严谨和科学，减少了可能出现的舞弊行为。独立的监督机制还为评选活动提供了透明的环境，使所有参与者都能对评选过程充满信心，从而提升整体活动质量。

利用评估结果开展评奖评优的培训和指导，是提升活动专业性与透明度的有效途径。通过培训，参与者能够更好地理解评选标准和过程，从而在活动中表现得更加出色。评估结果为培训提供了具体的案例和数据，使得培训内容更加贴近实际需求。这样的培训不仅提高了参与者的专业水平，还进一步提升了评选活动的透明度。通过一系列的指导和培训，评奖评优活动能够在更加专业和透明的环境中进行。

（三）基于评估结果优化学徒个人获奖条件

在现代学徒制中，评估结果为优化学徒的个人获奖条件提供了重要的量化依据。明确学徒在技能掌握和职业素养方面的具体要求，可以为个人获奖条件设定更为科学的标准。这不仅使获奖条件更加客观，还能确保评奖过程的透明度和公正性。评估结果的应用有助于识别学徒在学习过程中的优劣势，为其提供有针对性的指导和支持，从而提升整体教育质量。

结合评估结果设定不同层次的获奖条件，是鼓励学徒在各自专业领域追求卓越的重要手段。通过对评估数据的深入分析，评审人员可以发现学徒在某些领域的突出表现，并据此设定相应的奖励机制。这种分层次的奖励制度不仅能激励学徒不断提升自己的技能水平，还能促进他们在职业生涯中不断追求进步和创新。这有助于培养出更具竞争力和创新精神的职业人才。

利用评估结果制定学徒参与实习和项目的表现标准，是确保获奖条件与实际工作表现紧密关联的重要举措。对学徒在实际工作中的表现进行量化分析，可以更准确地评估他们的能力和潜力。这种基于实际表现的评估方式，能够更好地反映学徒的真实水平和发展潜力，为企业和教育机构提供重要的决策依据，从而推动学徒制进一步发展和完善。

根据评估结果，优化学徒的职业发展路径，确保获奖条件能够反映出学徒的综合能力和未来潜力，是现代学徒制的长远目标。通过对评估结果的分析，导师可以为学徒制订更为合理和个性化的职业发展计划，帮助他们在职业道路上更好地发挥自己的优势。这种优化不仅提升了学徒的职业素养，也为企业和社会提供了更加优质的人才资源。

三、现代学徒制评估结果在企业入职和定岗中的应用

（一）企业岗位匹配优化

在现代学徒制的实施过程中，企业通过对学徒的评估结果进行深入分析，可以有效实现岗位匹配的优化。评估结果提供了学徒在技能、能力和潜力方面的详细信息，使企业能够更准确地评估学徒是否满足特定岗位的要求。在学徒入职之前，企业可以根据这些评估结果，分析学徒在技术能力、学习能力和适应能力等方面的匹配度，从而确保学徒能够胜任其分配的岗位。这样的匹配优化不仅可以提高学徒的工作效率和岗位适应性，还能够降低企业的培训成本和人力资源管理成本。

评估结果的运用并不仅限于岗位匹配，还可被用于制订个性化的入职培训计划。通过对评估结果的分析，企业能够识别学徒的优势和不足，从而设计出有针对性的培训方案。这种个性化的培训计划有助于学徒快速了解企业文化，掌握工作流程，并在短时间内提升其工作能力和效率。通过这种方式，企业不仅能提升学徒的职业素养，还能增强其对企业的归属感和忠诚度，形成良好的企业文化氛围。

在岗位分配过程中，评估结果同样是关键的参考依据。企业可以根据学徒在评估中的表现合理分配岗位，确保每位学徒都能在最适合的岗位上发挥其最大潜力。这种基于评估结果的岗位分配策略不仅能提高学徒的工作满意度和工作效率，还能促进企业整体生产力的提升。同时，通过这样的分配方式，企业可以在不同岗位之间灵活调配学徒，提升其适应性和多技能发展能力，为企业的长远发展奠定坚实的人才基础。

评估结果还可以帮助企业识别学徒的潜在发展方向，为其职业生涯规划提供指导和支持。通过对评估数据的深入分析，企业能够发现学徒在某些领域的

潜力，并为其制订长期职业发展计划。这种基于评估的职业规划不仅能激励学徒不断提升自身能力，还能帮助企业培养出更多符合未来发展需求的专业人才，从而实现企业与学徒的双赢。

（二）企业招聘策略改进

现代学徒制评估结果对企业招聘策略的改进具有重要的作用。通过深入分析评估结果，企业能够优化招聘流程，确保候选人的职业技能与岗位需求高度匹配，从而提高招聘成功率。评估结果为企业招聘提供了一种科学的依据，使得招聘过程更加系统化和精确化。通过这种方式，企业不仅能够有效筛选出符合岗位需求的候选人，还能减少招聘过程中的资源浪费，提高整体招聘效率。

基于评估结果，企业可以进一步分析不同岗位对技能的具体要求。这种分析有助于企业制定有针对性的招聘标准，吸引合适的人才。评估结果揭示了各岗位的核心技能需求，使企业能够在招聘广告和面试环节中更明确地传达这些要求，从而吸引那些具备相应技能的候选人。通过这种方式，企业不仅能提高招聘的针对性，还能在激烈的市场竞争中占据优势地位，吸引更多优秀的应聘者。

评估结果还为企业识别学徒的职业发展潜力提供了重要依据。在招聘过程中，企业可以更加注重候选人的成长空间与适应能力，而不是局限于当前的技能水平。根据评估结果，企业能够预测候选人的未来发展潜力，从而在招聘决策中做出更具前瞻性的判断。这种策略不仅有助于企业培养高潜力人才，还能使企业在长期发展中获得更大的竞争优势。

企业可以将评估结果纳入招聘决策中，加深对候选人综合素质的理解。评估结果不仅包括对候选人技术能力的评估，还包括对候选人软技能、学习能力和团队协作能力的全面分析。这样一来，企业能够全面地评估候选人，确保招聘的全面性与科学性。这种全面的评估方法有助于企业选拔出更适合企业文化和发展方向的人才。

此外，利用评估结果，企业可建立人才库，针对不同技能水平的学徒制定相应的招聘策略。评估结果为企业提供了详细的人才数据，使其能够根据不同岗位和技能需求制定多样化的招聘策略。这种策略不仅满足了企业对多样化人才的需求，也为企业未来的发展储备了充足的人才资源，为企业的可持续发展提供了有力支持。

（三）职位匹配度提升

在现代学徒制的实施过程中，评估结果对于提升职位匹配度至关重要。评估结果应作为企业岗位需求分析的重要依据，以确保学徒技能与岗位职责的高度一致性。这不仅有助于企业明确岗位所需的具体技能和能力，还能为学徒指明职业发展方向。通过对评估数据的深入分析，企业能够识别出学徒在不同技能领域的表现，从而为其制订更具针对性的职业发展计划。这种方法不仅提高了学徒的岗位匹配度，也增强了他们的职场竞争力。

企业可以根据评估结果制订个性化的职业发展计划，帮助学徒在入职后快速适应并提升岗位匹配度。这种个性化的职业发展计划包括技能培训、职业指导以及工作任务的调整等方面的内容。通过对学徒在评估中表现出的优势和不足进行分析，企业能够为学徒提供更有针对性的支持和资源，帮助他们在职业生涯的早期阶段迅速积累经验和提升技能。这样的策略不仅有助于学徒快速成长，也为企业培养出更符合岗位需求的人才。

根据评估结果，企业可以识别学徒在特定技能领域的优势，从而优化岗位分配，提高工作效率。在现代企业中，高效的岗位分配和员工能力的最大化利用是提升整体生产力的重要因素。评估结果为企业提供了一个客观的依据，使得岗位分配不再仅仅依赖于主观判断，而是可以基于数据驱动的决策。通过识别学徒的技能优势，企业可以更合理地安排工作任务，确保每位员工都能在最适合的岗位上发挥最大潜力。

企业应利用评估结果进行岗位适配性测试，确保学徒在实际工作中能够发挥所学技能。这种适配性测试不仅可以验证学徒的技能水平，还能帮助企业观察学徒在实际工作环境中的表现，以便及时调整岗位安排和培训计划。通过这种动态调整机制，企业能够更好地应对市场变化和业务需求，同时也能为学徒提供不断学习和成长的环境。这种双赢的策略将有助于企业在激烈的市场竞争中保持领先地位。

评估结果可以帮助企业在招聘过程中更精准地筛选候选人，提升整体岗位匹配的成功率。在招聘过程中，企业常常面临如何在众多候选人中找到最合适人选的挑战。利用现代学徒制的评估结果，企业可以更准确地识别出符合岗位需求的候选人，从而提高招聘的效率和成功率。这种基于数据的招聘策略不仅降低了企业的招聘成本，还提升了新员工的留任率和满意度，为企业的长期发展奠定了坚实的基础。

四、现代学徒制评估结果在企业学徒培训中的应用

（一）培训需求分析

现代学徒制评估结果在培训需求分析方面有着重要的应用价值。通过深入分析学徒在实际工作中所需的技能与知识，识别这些需求与现有培训内容之间的差距，企业能够制订更具针对性的培训计划。这不仅有助于提升学徒的技术水平，还能确保他们在工作中更快地适应岗位要求。通过系统的需求分析，企业可以识别出学徒在技能掌握上的不足之处，从而在培训中加以弥补，最终提高学徒的整体职业素养和岗位胜任力。

在评估企业特定岗位对学徒的技能要求时，确保培训内容能够满足实际需求至关重要。通过明确岗位的核心技能要求，企业可以设计出更具针对性的培训课程，使学徒在接受培训后能够迅速适应工作环境。这种有针对性的培训不仅提高了学徒的岗位适应能力，也为企业培养出更符合岗位需求的学徒，提升了企业的整体竞争力。此外，通过定期更新培训内容，企业能够适应不断变化的市场需求，确保学徒始终具备市场所需的技能和知识。

通过调查学徒的职业发展目标与学习需求，企业可以更好地了解学徒对培训内容的期望。这种双向沟通有助于企业优化培训方案，从而提升学徒的参与感与学习效果。了解学徒的个人职业规划，有助于企业在培训中加入更具个性化的内容，使学徒在学习过程中感受到企业对其发展的重视。这不仅提高了学徒的学习积极性，也对他们未来的职业发展起到了积极的推动作用，增强了学徒对企业的归属感和忠诚度。

分析行业发展趋势与技术变革对学徒技能要求的影响，是确保培训内容与行业需求保持一致的关键。通过跟踪行业动态，企业可以及时调整培训内容，使学徒在技能上始终保持市场竞争力。随着技术的不断进步，企业需要不断更新培训内容，以便学徒能够掌握最新的技术和方法。这种动态调整不仅提升了学徒的专业能力，确保学徒在职业生涯中具备持续发展的能力，也使企业在激烈的市场竞争中保持领先地位。

（二）培训方案优化

通过对现代学徒制评估结果的分析，企业能够更精准地优化其培训方案。

评估结果为培训内容的调整提供了重要依据，使课程能够更好地与学徒的实际技能需求相匹配。这种调整不仅提升了培训的针对性，还提高了其有效性。企业可以根据评估反馈，识别出学徒在技能掌握上的薄弱环节，从而在培训中有针对性地进行强化和补充。这种以评估为导向的培训方案优化，不仅能提高学徒的技能水平，还能增强他们在实际工作中的适应能力。

现代学徒制的评估结果还推动了培训方式的创新。为了适应不同学徒的学习风格和节奏，企业引入了灵活的培训方式，如在线学习和混合式教学。这不仅打破了传统面对面教学的局限，还为学徒提供了更多的学习资源和机会，使学徒能够在更灵活的时间和地点进行学习。这种多样化的培训方式能够更好地满足学徒的个性化需求，提高学习效果，并促使学徒在学习过程中更加主动和积极。

在培训方案的优化过程中，定期更新培训材料和课程内容是至关重要的。企业需要确保其培训内容与行业的最新技术和趋势保持一致，以增强学徒的市场竞争力。通过对行业动态的持续关注，企业能够及时调整培训内容，使学徒掌握的技能始终处于行业前沿。这不仅提高了培训的实用性，也使得学徒在未来的职业发展中具有更强的竞争优势。

为了不断提升培训方案的实用性和有效性，建立培训效果的反馈机制是必要的。企业可以通过学徒和企业的双向反馈，获取关于培训效果的真实信息。这些反馈能够帮助企业识别培训中的不足之处，并进行相应的调整和改进。通过这种持续的反馈和优化，企业能够确保其培训方案始终符合学徒和行业的实际需求，从而实现培训效果的最大化。

（三）学徒技能提升

在现代学徒制的评估体系中，学徒技能提升是一个关键的应用领域。通过对学徒进行科学的评估，企业能够更好地了解学徒的技能现状和提升需求。基于评估结果，企业可以制订个性化的培训计划，针对学徒在特定技能领域的不足之处进行提升。这种个性化的培训计划不仅能够有效满足学徒的个人发展需求，还可以提高学徒的工作效率和职业满意度，从而为企业创造更大的价值。

企业还可以通过定期的技能测试与反馈机制，持续监测学徒在培训后的技能应用情况。这种持续性的监测和反馈能够帮助企业及时发现培训中的不足之处，并进行相应的调整，以确保培训效果的持续性。这样一来，企业可以不断优化培训策略，提升学徒的实际工作能力，使他们能够更好地适应工作中的变化和挑战。

此外，现代学徒制的评估结果还可以帮助企业识别行业的新兴技能需求。随着市场环境的变化，企业需要及时调整培训内容，以确保学徒的技能与市场需求保持一致。通过对评估结果的分析，企业能够更准确地把握行业趋势，提前做好技能储备，这不仅有助于企业在激烈的市场竞争中保持领先地位，还能够增强学徒的职业竞争力。

参考文献

[1] 刘友林，朱先容. 中国特色现代学徒制跨界协同育人研究与实践[M]. 重庆：重庆大学出版社，2022.

[2] 周艺红，郑清松. 现代学徒制本土实践与发展策略 [M]. 上海：复旦大学出版社，2022.

[3] 刘伟. 云南现代学徒制试点典型案例 [M]. 昆明：云南大学出版社，2021.

[4] 吴新星，许明. 澳大利亚学徒制发展与改革研究 [M]. 福州：福建教育出版社，2021.

[5] 龚小涛. 职业教育现代学徒制研究与实践 [M]. 西安：西安交通大学出版社，2022.

[6] 刘涛，李鹏飞，张巍. 企业新型学徒制研究与实践 [M]. 济南：泰山出版社，2021.

[7] 丁学所，李蒙. 高职土木类现代学徒制实践与探索 [M]. 郑州：黄河水利出版社，2021.

[8] 李金. 我国现代学徒制中的企业责任研究 [M]. 杭州：浙江大学出版社，2023.

[9] 彭宏春，田文芳. 现代学徒制实施与评估 [M]. 北京：中国财富出版社，2020.

[10] 高奇. 职业教育原理 [M]. 北京：光明日报出版社，2021.

[11] 陈良华，骆永华. 校园学徒制实施策略集 [M]. 重庆：重庆大学出版社，2022.

[12] 冯宇星. 职业教育管理与改革 [M]. 长春：吉林科学技术出版社，2023.

[13] 严权. 职业教育探索与实践 [M]. 武汉：中国地质大学出版社，2022.

[14] 张慧. 中国特色现代学徒制探索与实践 [M]. 北京：中国水利水电出版社，2022.

[15] 孙术杰，申宁，李婷. 高职教育现代学徒制研究与实践 [M]. 北京：中国商业出版社，2022.